中国地质大学(武汉)实验教学系列教材
中国地质大学(武汉)实验技术研究项目资助

企业会计综合实训教程
QIYE KUAIJI ZONGHE SHIXUN JIAOCHENG

汪长英　叶新宇　李利华　编

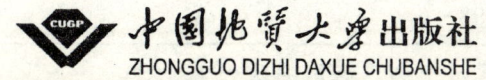

图书在版编目(CIP)数据

企业会计综合实训教程/汪长英,叶新宇,李利华编. —武汉:中国地质大学出版社,
2014.6

ISBN 978-7-5625-3398-6

Ⅰ.①企⋯
Ⅱ.①汪⋯②叶⋯③李⋯
Ⅲ.①企业管理-会计-教材
Ⅳ.①F275

中国版本图书馆 CIP 数据核字(2014)第 122705 号

企业会计综合实训教程	汪长英　叶新宇　李利华　编
责任编辑:徐润英	责任校对:代　莹
出版发行:中国地质大学出版社(武汉市洪山区鲁磨路388号)	邮政编码:430074
电　话:(027)67883511　　　　传　真:67883580	E-mail:cbb@cug.edu.cn
经　销:全国新华书店	http://www.cugp.cug.edu.cn
开本:787毫米×1 092毫米 1/16	字数:350千字　印张:13.5
版次:2014年6月第1版	印次:2014年6月第1次印刷
印刷:荆州鸿盛印务有限公司	印数:1—1 000册
ISBN 978-7-5625-3398-6	定价:38.50元

如有印装质量问题请与印刷厂联系调换

中国地质大学(武汉)实验教学系列教材

编委会名单

主　　　任：唐辉明
副 主 任：徐四平　殷坤龙
编委会委员：(以姓氏笔画排序)

马　腾　　王　莉　　牛瑞卿　　石万忠　　毕克成
李鹏飞　　吴　立　　何明中　　杨明星　　杨坤光
卓成刚　　罗忠文　　罗新建　　饶建华　　程永进
董元兴　　曾健友　　蓝　翔　　戴光明

前 言

为了符合经济发展的需要，更加贴近经济发展的实际情况，应培养出应用型的高级经济管理人才。应用型的高级经济管理人才的培养，表现为不仅要有扎实的会计理论基础，还要有较强的实际操作能力和综合分析能力。为了满足会计教学要求，提高会计实践性教学，加强会计实践环节的训练，为学生将来就业提供一个真实的实践机会，我们编写了《企业会计综合实训教程》。

《企业会计综合实训教程》主要阐述会计实务操作知识，以会计理论为基础，将会计理论与实践相结合，以企业实际发生的经济业务为基础，要求学生掌握从建账、填制和审核原始凭证、编制记账凭证、登记账簿到编制会计报表、财务分析等整个会计处理流程的实际操作技能，加强学生对会计专业理论知识的理解，提高运用会计基本技能的水平，使学生在学习期间就能对会计工作进行仿真演练。本教程主要有以下特点：

（1）体系安排围绕企业账务处理流程全过程这一主线。从建账、填制和审核原始凭证、编制记账凭证、登记账簿到编制会计报表、进行财务分析，符合会计账务处理流程安排。

（2）内容组织注重全面与重点、简单与复杂相结合。本教程既有会计基础业务，又有交易性金融资产、或有事项、资产减值、所得税等较为复杂的业务，内容全面，突出重点。

（3）体现适用、够用和通用的原则。本教程的内容系统全面，与会计实务工作规律一致，突出会计实务的操作过程，注重学生动手能力的培养，可与任何版本的《基础会计学》、《中级财务会计》、《成本会计》教材衔接。

本教程在撰写过程中得到了中国地质大学经济管理学院领导、中国地质大学实验设备处领导的支持和帮助，得到了各方面专家、学者的指导和帮助，在此对这些专家学者表示衷心的感谢！

由于受作者水平的限制，收集的资料仍然不够充分、完整，难免存在缺陷与不足。诚恳希望得到有关专家、学者和同行的赐教以及读者的批评指正。

编　者
2014 年 3 月于南望山下

目 录

1 综合实训的基本目的 …………………………………………………………… (1)
2 综合实训的基本要求 …………………………………………………………… (1)
   2.1 全面了解实训企业的基本情况和实训的基本内容 ………………………… (1)
   2.2 建账 ……………………………………………………………………… (1)
   2.3 编制记账凭证 …………………………………………………………… (1)
   2.4 登账 ……………………………………………………………………… (1)
   2.5 对账 ……………………………………………………………………… (2)
   2.6 结账 ……………………………………………………………………… (2)
   2.7 试算平衡 ………………………………………………………………… (2)
   2.8 编表 ……………………………………………………………………… (2)
   2.9 编写财务分析报告 ……………………………………………………… (2)
   2.10 装订会计凭证 …………………………………………………………… (2)
3 模拟企业概况 …………………………………………………………………… (2)
   3.1 公司简介 ………………………………………………………………… (2)
   3.2 公司人员分工 …………………………………………………………… (2)
   3.3 公司生产特点 …………………………………………………………… (3)
4 模拟企业会计政策 ……………………………………………………………… (3)
   4.1 模拟企业核算方法 ……………………………………………………… (3)
   4.2 模拟企业具体核算政策 ………………………………………………… (3)
5 综合实训准备 …………………………………………………………………… (4)
   5.1 综合实训材料准备 ……………………………………………………… (4)
   5.2 综合实训书写准备 ……………………………………………………… (5)
6 综合实训模拟企业会计资料 …………………………………………………… (7)
   6.1 建账资料 ………………………………………………………………… (7)
   6.2 综合实训的原始凭证 …………………………………………………… (15)
7 会计综合模拟实习总结 ………………………………………………………… (205)

主要参考文献 ……………………………………………………………………… (207)

1　综合实训的基本目的

在市场经济条件下,会计人才的培养目标是既要有较好的会计理论知识,又要有较强的动手能力。《企业会计综合实训教程》是在完成《基础会计学》、《中级财务会计》、《成本会计》等教学内容后,组织学生在校内进行模拟实习的操作资料,包含从建账到报表编制各环节的完整财务流程。要求学生根据本资料对企业会计处理流程进行有序仿真演练,从填制和审核会计凭证到编制会计报表,完成企业一个会计期间手工核算的全过程,达到理论结合实际、缩短书本知识与实践能力的距离、为学生胜任财会实务工作奠定坚实基础的目的。

2　综合实训的基本要求

2.1　全面了解实训企业的基本情况和实训的基本内容

2.2　建账

2.2.1　开设总账
根据东湖机械厂2012年12月初的各账户余额记入期初余额。

2.2.2　开设库存现金和银行存款日记账
根据东湖机械厂2012年12月初的各账户余额记入期初余额。

2.2.3　开设三栏式明细账
根据东湖机械厂2012年12月初的三栏式各账户余额记入期初余额。

2.2.4　开设数量金额式明细账
根据东湖机械厂2012年12月初的数量金额式各账户余额记入期初余额。

2.2.5.　开设多栏式明细账
根据东湖机械厂2012年12月初的多栏式各账户余额记入期初余额。

2.3　编制记账凭证
根据审核的原始凭证编制记账凭证。

2.4　登账

2.4.1　登记总账
根据记账凭证,每旬编制科目汇总表,并根据科目汇总表登记本期发生额。

2.4.2　登记日记账
根据东湖机械厂2012年12月份编制的记账凭证,登记现金日记账和银行存款日记账本期发生额。

2.4.3 登记三栏式明细账

根据东湖机械厂2012年12月份编制的记账凭证,登记本期发生额。

2.4.4 登记数量金额式明细账

根据东湖机械厂2012年12月份编制的记账凭证,登记本期发生额。

2.4.5 登记多栏式明细账

根据东湖机械厂2012年12月份编制的记账凭证,登记本期发生额。

2.5 对账

年终总账、日记账和各明细账进行对账。

2.6 结账

将总账、日记账及各类明细账进行结账。

2.7 试算平衡

2.8 编表

根据总账和各明细账编制12月份月报和2012年年报,包括资产负债表、利润表、利润分配表和现金流量表。

2.9 编写财务分析报告

根据会计报表资料编写财务分析报告。

2.10 装订会计凭证

3 模拟企业概况

3.1 公司简介

东湖机械厂是一个中型工业企业,位于武汉市武汉大道128号,该企业为一般纳税人,主要生产甲、乙两种产品,全厂设有一个基本生产车间、两个辅助生产车间(机修车间、供气车间)、一个专设销售机构和厂部管理机构五个部门。

3.2 公司人员分工

厂长:王伟杰
财务科长:叶凡
审核员:张海洋
记账员:李杰
出纳员:曾樊
仓库保管员:陈青

3.3 公司生产特点

东湖机械厂采用大量单步骤生产,平时从仓库领用材料圆钢、生铁进行加工,生产出甲产品、乙产品,产品生产完工验收合格后送交仓库。

4 模拟企业会计政策

4.1 模拟企业核算方法

东湖机械厂实行厂部一级核算,采用科目汇总表核算形式,每旬汇总登记总账一次。
核算方法:采用《企业会计准则》。
记账凭证:采用通用记账凭证形式。

4.2 模拟企业具体核算政策

4.2.1 货币资金核算

库存现金管理:实行限额管理,库存现金的使用按《库存现金管理暂行条例》的规定执行。

银行存款管理:东湖机械厂在武汉市工商银行中心路办事处开设了一个生产周转使用的结算账户,账户为:888999。

备用金管理:采购人员及其他人员出差,预支差旅费,出差回来一次结清。

结算方式:有库存现金、库存现金支票、转账支票、银行汇票、商业承兑汇票、银行承兑汇票、汇兑、委托收款、托收承付等。

4.2.2 销售和收款

销售产品:收到的库存现金以及各种票据当日送存银行。销售时若有库存现金折扣,在实际发生时确认为当期财务费用,库存现金折扣只折扣价款,不折扣增值税。

坏账处理:每年末,按应收款余额的5%计提坏账准备。

票据管理:对带息商业汇票,统一给出年利率,需贴现的按情况进行换算,对需按日计算利息、贴现利息的,采用算尾不算头的方法计算天数;对跨年度的带息商业汇票,年末应计提票据应计利息。

4.2.3 工资管理

发放工资时由银行代发、企业代扣的个人所得税费用采用"应交税费"科目,代扣住房公积金采用"应交税费"科目,其他代扣款均采用"其他应付款"科目。工资采用先发放后分配的办法。

按工资总额的14%计提福利费,按工资总额的2%计提工会经费,按工资总额的1.5%计提职工教育经费。

4.2.4 存货核算

存货包括原材料、包装物及低值易耗品、库存商品、发出商品等,其中原材料包括原料及主要材料、燃料、辅助材料和包装材料四类,按计划成本核算,除包装材料外,其余三种材料需按类计算材料成本差异率（要求保留两位小数），材料成本差异月末一次集中结转。

包装物及低值易耗品、库存商品按实际成本核算，包装物及低值易耗品采用分次摊销结转成本。

发出商品采用月末一次加权平均法计算销售成本，若加权平均单价不能被整除，则要求保留四位小数。

年末对存货进行清查，根据盘点结果编制"实存账存盘点表"报有关部门批准。

4.2.5　固定资产

东湖机械厂固定资产分为房屋建筑物和机器设备两大类，分属于不同部门。

折旧按《企业会计准则》相关规定采用直线法摊销。

4.2.6　金融资产

按照《企业会计准则》中金融资产核算条目相关规定处理。

4.2.7　成本与费用

采用制造成本法的品种法计算产品成本。厂里的各项费用按经济用途分类，其中直接材料、直接人工和制造费用计入产品成本，其余计入期间费用；辅助生产费用按受益对象采用直接分配法进行分配；期末按生产工时的比例分配制造费用；期末产品成本在完工产品和未完工产品之间的分配采用约当产量法，按50%完工程度计算。

4.2.8　税金及附加

增值税税率为17%，营业税税率为5%，城建税及教育费附加分别按流转税的7%和3%计算，按月交纳。

所得税费用的计税依据为应纳税所得额，所得税费用税率为25%，采用应付税款法核算，按年计算交纳。

4.2.9　其他

购买的公司债券，按月计算应计利息；长期股权投资，若持股比例在20%（含20%）以下，采用成本法核算，反之，采用权益法。

借款利息按月计提分配，与固定资产有关的，在固定资产达到预计可使用状态之前，计入固定资产成本。

利润及利润分配以年度税后利润的10%提取法定盈余公积金，按5%计提法定公益金。年末可根据盈利情况按比例向投资者分配利润。

在计算过程中如出现小数除不尽，一律保留两位小数。

5　综合实训准备

5.1　综合实训材料准备

5.1.1　会计凭证

（1）通用式记账凭证每生150张（含备用）。

（2）科目汇总表每生5张（含备用）。

5.1.2 会计账簿

(1) 总分类账簿每生1本。
(2) 库存现金、银行存款日记账每生各1本。
(3) 三栏式、数量金额式、多栏式明细分类账每生各1本。

5.1.3 会计报表

资产负债表、利润表、利润分配表和现金流量表上网下载。

5.1.4 其他

(1) 会计凭证封面每生4张(含备用)。
(2) 回形针每生1盒。
(3) 铁夹子每生5个。

5.2 综合实训书写准备

5.2.1 阿拉伯数字的标准写法

正确、规范和流利地书写阿拉伯数字是我国会计人员应掌握的基本功。重视会计工作中数码字的训练有助于会计人员素质的提高,现实中不仅存在大量不规范书写,而且存在"0"、"6"不分,"7"、"9"难辨的情况,况且还有把"1"改为"4"或改为"7"等错误现象,还有人把汉字的书写艺术引入阿拉伯数字领域,主张在会计记录中将数字"1234567890"写成美术字。所有这些都不是财会工作中规范的书写方法,也不合乎手工书写的正常习惯。

应该说财务会计中,尤其是会计记账过程中书写的阿拉伯数字,同数学或汉文字学中的书写方法并不一致,也不尽相同。

从字体上讲,既不能把这些数字写成刻版划一的印刷体,也不能把它们写成难以辨认的草字体,更不能为追求书写形式把它们写成美术体。从数字本身所占的位置看,既不能把数字写满格、占满行,又不能把数字写得太小,密密麻麻,让人不易辨认清楚,更不能超越账页上既定的数格。

从字型上看,既不能让数字垂直上下,也不能歪斜过度,更不能左倾右斜,毫无整洁感。况且,书写后要让人看着合乎规定要求,既流利又美观,还方便纠错更改。

总之,财会工作中,尤其是会计记账过程中,阿拉伯数字的书写同普通的汉字书写有所不同,且已经约定俗成,形成会计数字的书写格式。其具体要求如下:

(1) 每个数字要大小匀称,笔画流畅,每个数字独立有形,使人一目了然,不能连笔书写。

(2) 书写时字迹工整,排列整齐有序且有一定的倾斜度,各数字倾斜度要一致,一般要求向右倾斜45°到60°。

(3) 每一组数字的正确书写应从左至右,笔画顺序是自上而下、大小一致,数字上下左右对齐,不可逆方向书写。在印有数位线的凭证、账簿、报表上,每一格只能写一个数字,不得几个数字挤在一个格里,更不能在数字中间留有空格。在没有印刷数字格的会计书写中,同一行相邻数字之间应空出半个阿拉伯数字的位置,而且距离相等,以不能增加数字为好。

(4) 每个数字要紧贴底线书写,上端不可顶格,其高度约占行格高度的1/2~2/3,为更正错误数字留余地。除"6、7、9"外,其他数字要高低一致。书写数字"6"时,上端比其他数字高出 1/4；书写数字"7"和"9"时，下端比其他数字伸出 1/4。

（5）对于不易写好、容易混淆且笔顺相近的数字书写，尽可能地按标准字体书写，区分笔顺，避免混同，以防涂改。如："1"不能写短，且要合乎斜度要求，防止改为"4"、"6"、"7"、"9"；书写"6"字时可适当扩大其字体，使起笔上伸到数码格的 1/4 处，下圆要明显，以防改为"8"；"7"、"9"两字的落笔可下伸到底线外，约占下格的 1/4 位；"6"、"8"、"9"、"0"都必顺把圆圈笔画写顺，并一定要封口；"2"、"3"、"5"、"8"应各自成体，避免混同。

（6）除"4"、"5"以外的数字，必须一笔写成，不能人为地增加数字的笔画。但注意整个数字要书写规范、流利、工整、清晰、易认不易改。采用规范的手写体书写，并要保持个人的独特字体，以防模仿或涂改。

阿拉伯数字的书写规范如图 5-1 所示。

图 5-1　阿拉伯数字书写规范

5.2.2　汉字大写数字的标准写法

（1）汉字大写数字应用正楷或行书填写，不得连笔写，字迹要工整、清晰。

（2）大写数字一律用"壹、贰、叁、肆、伍、陆、柒、捌、玖、拾、佰、仟、万、亿、零"等书写，不得用"一、二（两）、三、四、五、六、七、八、九、十、另（或 0）"等简化数字书写，不得自造简化字。

大写数字参考字体如表 5-1 所示。

表 5-1　大写数字参考字体

壹	贰	叁	肆	伍	陆	柒	捌	玖	零	拾	佰	仟	万	亿
壹	貳	叄	肆	伍	陸	柒	捌	玖	零	拾	佰	仟	万	亿

5.2.3　小写金额的标准写法

（1）在写阿拉伯数字的整数部分时，可以从小数点从右向左按照"三位一节"用分位点","分开或加 1/4 空分开，如 8,541,630 或 8 541 630。

（2）阿拉伯数字表示的金额为小写金额，书写时应采用人民币符号"￥"。"￥"是汉语拼音文字元（yuan）第一个字母的缩写变形，它既代表了人民币的币制，又表示人民币"元"的单位，所以，小写金额前填写人民币符号"￥"以后，数字后面可不写"元"字。需要注意的是，"￥"与数字之间不能留有空格。书写人民币符号时，要注意"￥"与阿拉伯数字的明显区别，不可混淆。在填写会计凭证、登记会计账簿、编制会计报表时，数字必须要按数位填入，金额要采用"0"占位到"分"为止，不能采用划线等方法代替。

5.2.4　大写金额的书写要求

（1）大写金额前加写"人民币"，中文大写金额前应加"人民币"字样，并且与第一个大写数字之间不能留有空格。写数与读数顺序要一致。

（2）正确运用"整"字。中文大写金额到"元"为止的，应当写"整"或"正"字，如￥480.00 应写成"人民币肆佰捌拾元整"。中文大写金额到"角"为止的，可以在"角"之后写"整"或"正"字，也可以不写，如￥197.30 应写成"人民币壹佰玖拾柒元叁角整"，或者"人民币壹佰玖拾柒元叁角"。中文大写金额到"分"位的,不写"整"或"正"字,如￥94,862.57应写成"人民币玖万肆仟捌佰陆拾贰元伍角柒分"。

(3) 正确书写中间"零"。

1) 小写金额中间有"0"时,中文大写金额也要写"零"字,如￥1,304.78应写成"人民币壹仟叁佰零肆元柒角捌分"。

2) 小写金额中间连续有几个"0"时,中文大写金额只写一个"零"字,如￥6,008.59应写成"人民币陆仟零捌元伍角玖分。

3) 小字金额万位或元位是"0",或者数字中间连续有几个"0",万位、元位也是"0",但千位、角位不是"0"时,中文大写金额中可以只写一个"零"字,也可以不写"零"字。如￥3,200.47应写成"人民币叁仟贰佰元零肆角柒分",也可以写成"人民币叁仟贰佰元肆角柒分";又如￥107,000.23应写成"人民币壹拾万柒仟元零贰角叁分",也可以写成"人民币壹拾万零柒仟元贰角叁分",还可以写成"人民币壹拾万柒仟元贰角叁分";再如￥6,000,010.29应写成"人民币陆佰万零壹拾元零贰角玖分",也可以写成"人民币陆佰万零壹拾元贰角玖分"。

4) 小写金额角位是"0",而分位不是"0"时,中文大写金额元后面应写"零"字,如￥125.04应写成"人民币壹佰贰拾伍元零肆分";又如￥60,309.07应写成"人民币陆万零叁佰零玖元零柒分"。

(4) "壹"开头的别丢"壹"。当中文数字首位是"1"时,前面必须写上"壹"字,如￥16.74应写成"人民币壹拾陆元柒角肆分";又如￥100,000.00应写成"人民币壹拾万元整"。

6 综合实训模拟企业会计资料

6.1 建账资料

6.1.1 东湖机械厂 2012 年 12 月期初科目余额表

代码	账户名称	2012年年初数		2012年1~11月累计发生额		2012年11月月末余额	
		借方	贷方	借方	贷方	借方	贷方
1001	库存现金	9 000		158 510	162 320	5 190	
1002	银行存款	995 898		10 60 131	958 675	1 097 354	
1015	其他货币资金			350 000	350 000		
1101	交易性金融资产			49 700	40 000	9 700	
1121	应收票据			160 000		160 000	
1122	应收账款	430 000		2 535 645	2 587 000	378 645	
1131	应收股利			20 300	20 000	300	
1231	其他应收款	3 000		75 000	70 000	8 000	
1241	坏账准备		1 500				1 500
1401	材料采购			1 208 000	1 008 000	200 000	

续表

代码	账户名称	2012年年初数		2012年1~11月累计发生额		2012年11月月末余额	
		借方	贷方	借方	贷方	借方	贷方
1403	原材料	347 481		1 535 615	1 324 896	558 200	
1404	材料成本差异	3 475		35 770	32 840	6 405	
1406	库存商品	544 600		3 440 000	3 240 000	744 600	
1407	发出商品			767 400	767 400		
1412	包装物及低值易耗品	56 000		161 000	179 200	37 800	
1511	长期股权投资	300 000				300 000	
1601	固定资产	3 530 000			200 000	3 330 000	
1602	累计折旧		458 149	45 625	89 730		502 254
	累计摊销				6 600		6 600
1606	固定资产清理			80 000	80 000		
1701	无形资产	68 600				68 600	
1801	长期待摊费用	90 045			63 635	26 410	
1901	待处理财产损益			150 000	150 000		
2001	短期借款		200 000	540 000	500 000		160 000
2201	应付票据		50 000	120 000	300 000		230 000
2202	应付账款		400 000	1 100 000	960 000		260 000
2205	预收账款		54 000	150 000	120 000		24 000
2211	应付职工薪酬		85 000	1 386 000	1 368 000		67 000
2221	应交税费		220 250	473 200	462 750		209 800
2231	应付利息		42 300	15 000	24 000		51 300
2241	其他应付款		6 800	5 750			1 050
2601	长期借款		1 000 000				1 000 000
2602	应付债券		200 000		17 600		217 600
4001	实收资本		3 500 000				3 500 000
4002	资本公积		120 000				120 000
4101	盈余公积		81 000				81 000
4103	本年利润			2 863 100	3 393 100		530 000
4104	利润分配		60 000				60 000
5001	生产成本	100 900		4 930 000	4 940 000	90 900	
5101	制造费用			456 000	456 000		

续表

代码	账户名称	2012年年初数		2012年1~11月累计发生额		2012年11月月末余额	
		借方	贷方	借方	贷方	借方	贷方
6001	主营业务收入			3 160 700	3 160 700		
6051	其他业务收入			90 000	90 000		
6111	投资损益			78 000	78 000		
6301	营业外收入			64 400	64 400		
6401	主营业务成本			1 876 400	1 876 400		
6402	其他业务支出			50 000	50 000		
6403	营业税金及附加			58 700	58 700		
6601	销售费用			120 000	120 000		
6602	管理费用			643 000	643 000		
6603	财务费用			81 000	81 000		
6711	营业外支出			34 000	34 000		
6801	所得税费用						
	合计	6 478 999	6 478 999	30 127 946	30 127 946	7 015 504	7 015 504

6.1.2 明细账资料

6.1.2.1 日记账年初、1~11月累计发生额和11月月末余额资料　　单位：元

代码	账户名称	2012年年初数		2012年1~11月累计发生额		2012年11月月末余额	
		借方	贷方	借方	贷方	借方	贷方
1001	库存现金日记账	9 000		158 510	162 320	5 190	
1002	银行存款日记账	995 898		1 060 131	958 675	1 097 354	

6.1.2.2 2012年明细账年初、1~11月累计发生额和11月月末余额资料　　单位：元

代码	账户名称	2012年年初数		2012年1~11月累计发生额		2012年11月月末余额	
		借方	贷方	借方	贷方	借方	贷方
1101	交易性金融资产			49 700	40 000	9 700	
	——东钢不锈(成本)			49 700	40 000	9 700	
1121	应收票据			160 000		160 000	
	——武汉市物资贸易公司			80 000		80 000	
	——新达工厂			80 000		80 000	

续表

代码	账户名称	2012年年初数		2012年1~11月累计发生额		2012年11月月末余额	
		借方	贷方	借方	贷方	借方	贷方
1122	应收账款	430 000		2 535 645	2 587 000	378 645	
	——红星公司	250 000		1 258 945	1 358 700	150 245	
	——华光设备厂	100 000		776 700	858 300	18 400	
	——龙丰机械厂	80 000		500 000	370 000	210 000	
1131	应收股利			300		300	
	——东钢不锈			300		300	
1231	其他应收款	3 000		75 000	70 000	8 000	
	——行政科	2 000		60 000	60 000	2 000	
	——王伟杰	1 000		7 000	7 000	1 000	
	——张凯			8 000	3 000	5 000	
1403	原材料	347 481		1 535 615	1 324 896	558 200	
	——原料及主要材料	229 200	1 235 600	1 024 800	440 000		
	——燃料	22 981	130 015	89 996	63 000		
	——辅助材料	61 300	120 000	150 100	31 200		
	——包装材料	34 000	50 000	60 000	24 000		
1511	长期股权投资	300 000				300 000	
	——股票投资(中原股份)	300 000				300 000	
1601	固定资产(见表)	3 530 000			200 000	3 330 000	
1701	无形资产	68 600			6 600	62 000	
	——专利权	68 600			6 600	62 000	
1801	长期待摊费用	90 045			63 635	26 410	
	——固定资产改良支出	90 045			63 635	26 410	
2001	短期借款		200 000	540 000	500 000		160 000
	——流动资金借款		200 000	540 000	500 000		160 000
2201	应付票据		50 000	120 000	300 000		230 000
	——鞍山钢铁公司		50 000	50 000			
	——包钢公司			70 000	300 000		230 000
2202	应付账款		400 000	1 100 000	960 000		260 000
	——东湖钢铁公司		319 000	600 000	449 500		168 500
	——中原公司				10 000		10 000
	——红宇公司			300 000	300 000		
	——西山煤矿		80 000	160 000	160 000		80 000
	——东湖供电局		1 000	40 000	40 500		1 500

续表

代码	账户名称	2012年年初数		2012年1~11月累计发生额		2012年11月月末余额	
		借方	贷方	借方	贷方	借方	贷方
2205	预收账款		54 000	150 000	120 000		24 000
	——北方贸易公司		44 000	100 000	80 000		24 000
	——滨江物资公司		10 000	50 000	40 000		
2211	应付职工薪酬		85 000	1 386 000	1 368 000		67 000
	——工资			1 200 000	1 200 000		
	——职工福利		85 000	186 000	168 000		67 000
2221	应交税费		220 250	473 200	462 750		209 800
	——未交增值税		80 000	300 000	360 000		140 000
	——应交所得税费用		107 600	107 600			
	——应交城建税		20 000	30 400	56 000		45 600
	——应交营业税		10 000	30 000	40 000		20 000
	——教育费附加		2 650	5 200	6 750		4 200
2231	应付利息		42 300	15 000	24 000		51 300
	——预提短期借款利息		42 300	15 000	24 000		51 300
2241	其他应付款		6 800	5 750			1 050
	——工会经费		3 800	3 000			800
	——职工教育经费		3 000	2 750			250
2601	长期借款		1 000 000				1 000 000
	——流动资金借款		1 000 000				1 000 000
2602	应付债券		200 000		17 600		217 600
	——债券面值		200 000				200 000
	——应计利息				17 600		17 600
4001	实收资本		3 500 000				3 500 000
	——国家资本金		2 000 000				2 000 000
	——法人资本金		1 500 000				1 500 000
	其中:东湖钢铁厂		800 000				800 000
	新华机械厂		700 000				700 000
4002	资本公积		120 000				120 000
	——资本溢价		120 000				120 000
4101	盈余公积		81 000				81 000
	——法定盈余公积		54 000				54 000
	——法定公益金		27 000				27 000
4104	利润分配		60 000				60 000
	——未分配利润		60 000				60 000

6.1.2.3 原材料12月月初余额资料
单位:元

编号	项目	名称	计量单位	库存数量	计划价格	金额
	原料及主要材料	圆钢	吨	100	3 000	300 000
		生铁	吨	100	1 400	140 000
	燃料	原煤	吨	50	300	15 000
		焦炭	吨	80	600	48 000
	辅助材料	油漆	千克	500	20	10 000
		润滑油	千克	500	42.4	21 200
	包装材料	木材	立方米	40	600	24 000
	合计					558 200

6.1.2.4 包装物及低值易耗品12月月初余额资料
单位:元

编号	名称	计量单位	库存数量	价格	金额
	包装箱	个	40	295	11 800
	工具	件	33	500	16 500
	手套	打	50	100	5 000
	工作服	套	30	150	4 500
合计					37 800

6.1.2.5 库存商品12月月初余额资料
单位:元

编号	名称	计量单位	库存数量	价格	金额
	甲产品	件	80	6770	541 600
	乙产品	件	100	2030	203 000
	合计				744 600

6.1.2.6 生产成本明细账12月月初余额资料
单位:元

产品名称	计量单位	数量	成本项目			合计
			直接材料	直接人工	制造费用	
甲产品	件	12	35 400	7 825	2 355	45 580
乙产品	件	25	37 900	5 320	2 100	45 320
合计						90 900

6.1.2.7 材料采购明细账12月月初余额资料
单位:元

2012年		供货单位名称	材料名称	计量单位	发票数量	实收数量	实际成本			计划成本		材料成本差异	
月	日						发票价格	运杂费	合计	单价	金额	超支	节约
11	25	包钢公司	圆钢	吨	40		128 000	4 000	132 000				
		包钢公司	生铁	吨	50		65 000	3 000	68 000				
		合计					193 000	7 000	200 000				

6.1.2.8 材料成本差异明细账 12 月月初余额资料

单位:元

二级科目	2012 年 11 月 30 日期末余额		
	计划成本	差异额	差异率
原料及主要材料	440 000	6 600	1.5%
燃料	63 000	−1 575	−2.5%
辅助材料	31 200	780	2.5%
包装材料	24 000	600	2.5%
合计	558 200	6 405	

6.1.2.9 固定资产登记簿资料

单位:元

	项目		11 月 30 日期末余额
在用	基本生产车间	房屋建筑物	420 000
		机器设备	500 000
		小计	920 000
	机修车间	房屋建筑物	150 000
		机器设备	200 000
		小计	350 000
	供汽车间	房屋建筑物	450 000
		机器设备	300 000
		小计	750 000
	专设销售机构	房屋建筑物	300 000
		小计	300 000
	厂部管理机构	房屋建筑物	760 000
		机器设备	200 000
		小计	960 000
不需用——机器设备			50 000
合计			3 330 000

注:年折旧率:房屋建筑物为年 3.6%,机器设备为年 9.6%

6.1.3 劳务量、工时记录、月初在产品数量、当月投产数量及完工数量

6.1.3.1 2012 年 12 月份各车间、部门耗用辅助生产车间的劳务量

	机修车间(工时)	供汽车间(立方米)
供汽车间	600	
机修车间		1 200
基本生产车间	6 000	24 000
专设销售机构	1 000	3 000
厂部管理机构	5 000	2 400
合计	12 600	30 600

6.1.3.2 2012年12月甲、乙两种产品耗用工时量

	甲产品	乙产品
耗用工时	6 000	4 000
合计	6 000	4 000

6.1.3.3 2012年12月初的在产品数量、当月投产数量及完工数量

项目	甲产品	乙产品
月初在产品	12	25
本月投入	28	80
本月完工产品	30	75
月末在产品	10	30
完工程度	50%	50%

6.2 综合实训的原始凭证

【凭1】

武汉市商业零售统一发票
发 票 联

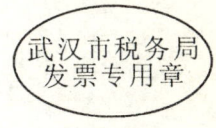

No.00539

客户名称：东湖机械厂　　　2012年12月1日

货号	品名及规格	单位	数量	单价	金　　　额							
					万	千	百	十	元	角	分
	办公用圆珠笔	支	50	5			2	5	0	0	0
	记录本	本	30	15			4	5	0	0	0
合计金额（大写）	⊗万⊗仟柒佰零拾零元零角零分				¥	7	0	0	0	0		
付款方式	库存现金付讫		开户银行及账号									

收款企业　　武汉市百货公司　　　　收款人：李姗　　　　开票人：王夯
　　　　　　　财务专用章

【凭2】

中国工商银行**托收承付**凭证（收账通知）

（邮）

委托日期：2012年11月25日
承付日期：2012年12月1日

付款人	全　称	龙丰机械厂	收款人	全　称	东湖机械厂								
	账号或地址	135000078444478		账号或地址	128333333388888							
	开户银行	工行南京路办事处		开户银行	工行中心路办事处							
托收金额	人民币（大写）	壹万元整		千	百	十	万	千	百	十	元	角	分
						¥	1	0	0	0	0	0	0
附　件	商品发运情况		合同名称号码								
附寄单证：4张	铁路		958								
备注：中国工商银行中心路办事处 转讫	上列款项已由付款人开户银行全额划回收入你方账户。此致！收款人（收款人开户行盖章）　月　日		科目：对方科目：转账日期：2012年12月1日单位主管：　　会计：复核：　　　　记账：

【凭3-1】

投资协议书

2012年12月1日

投资单位	宏达电机厂（甲方）	接受单位	东湖机械厂（乙方）
账号或地址	45678911134567	账号或地址	128333333388888
开户银行	工行人民路办事处	开户银行	工行中心路办事处
投资金额	人民币（大写）：叁拾万元整		
协议条款	经双方友好协商达成如下协议： 1. 投资期限5年。 2. 在投资期限内甲方不得收回投资。 3. 在投资期限内乙方保证甲方投资保值和增值。 4. 在投资期限内乙方应按利润分配规定支付甲方利润。 5. 未尽事宜另行商定。 甲方代表签字：丰国平　　　　　乙方代表签字：王伟杰		

【凭3-2】

中国工商银行进账单（回单或收账通知）

2012年12月1日

收款人	全称	东湖机械厂	付款人	全称	宏达电机厂
	账号或地址	128333333388888		账号或地址	45678911134567
	开户银行	工行中心路办事处		开户银行	工行人民路办事处

人民币（大写）	叁拾万元整		千	百	十	万	千	百	十	元	角	分
					¥3	0	0	0	0	0	0	0	0
票据种类	转账支票	收款人开户银行盖章										
票据张数	1	中国工商银行 中心路办事处 转讫										
单位主管　　会计　　复核　　记账												

【凭4】

领　料　单

No.003458

发料仓库：包装物及低值易耗品仓库　　2012年12月1日　　　　　　　记　账　联

领料部门	材料类别	材料名称	计量单位	数量 请领	数量 实领	单价	金额	用途
生产车间	低值易耗品	工作服	套	6	6	150	900	劳动保护
机修车间		工作服	套	4	4	150	600	劳动保护
供汽车间		工作服	套	3	3	150	450	劳动保护
销售机构		工作服	套	3	3	150	450	劳动保护
厂部		工作服	套	4	4	150	600	劳动保护
合计				20	20	150	3 000	

仓库主管：陈青　　　发料人：严峻　　　领料人：顾全、计明、龙江、吉林、胡为

【凭5-1】

中国工商银行
转账支票存根
30804233
90252055

附加信息
_____
_____
_____

出票日期：2012年12月1日

| 收款人：东湖机械厂 |
| 金额：￥200,000.00 |
| 用途：购买股票 |

单位主管　　　会计

【凭5-2】

武汉市证券营业部（银行转存）凭证

2012年12月1日

收款人	全称	东湖机械厂	付款人	全称	东湖机械厂
	账号或地址	618568		账号或地址	128333333388888
	开户银行	证券公司办事处		开户银行	工行中心路办事处

人民币（大写）	贰拾万元整	千	百	十	万	千	百	十	元	角	分
				￥	2	0	0	0	0	0	0

票据种类	转账支票	收款人开户银行盖章
票据张数	1	中国工商银行 证券公司办事处 转讫

单位主管　　会计　　复核　　记账

【凭6-1】

中国工商银行
转账支票存根
30804234
90252056

附加信息
_____
_____

出票日期：2012年12月1日

收款人：长江证券公司
金额：￥105 080
用途：购买债券

单位主管　　　　会计

【凭6-2】

(买)　　　　　　　　**长江证券中央登记结算公司**

成交过户交割单　　　2012年12月1日　　　　③通知联

股东编号	C00385	成交证券	企业债券
电脑编号	550	成交数量	100
公司名称	华翔	成交价格	1 050
申报编号	231	成交金额	105 000
申报时间	121125	佣　金	
成交时间	121201	过户费	50
上次余额	0(手)	印花税	30
本次成交	10(手)	应付金额	105 080
本次余额	10(手)	附加费用	
本次库存	10(手)	实收金额	

经办单位：证券公司门市部　　　　　客户签章：　东湖机械厂财务专用章

（说明：债券期限：三年期，每年付息一次，债券面值1 000*100，票面利率5%，实际利率4%）

【凭6-3】

长江证券公司营业部　　　　　　No.01201
委托书　　　　　　　　　　　　合同号：1120

资金账号：618568　　　　　　　证券账号：B00450
委托人：东湖机械厂　　2012年11月25日

证券名称	份数与面额	限价	有效期间	附注	委托方式
企业债券	100份	1 060元/份	2012年12月5日前		当面委托

营业员签章：叶永华　　　　　　　委托人签章：杨为

【凭7-1】

江苏省增值税专用发票
抵 扣 联

开票日期　2012 年 12 月 2 日　　　　　　　　　　　　　　　　　No. 00335204

购货单位	名　　称：东湖机械厂　　　　　　　　　　　　　　　　　　　　　　　　　　　　　　　　　纳税人识别号：420044444466666　　　　　　　　　　　　　　　　　　　　地址、电话：武汉市武汉大道128号　　　　　　　　　　　　　　　　　　　　　　　　　027-88581678　　　　　　　　　　　　　　　　　　　　开户行及账号：工行中心路办事处128333333388888	密码区

货物或应税劳务名称	规格型号	单位	数量	单价	金额	税率	税额
气压泵		台	1	100 000	100 000	17%	17 000
合　计			1	100 000	100 000		17 000

价税合计(大写)	壹拾壹万柒仟零佰零拾零元零角零分　　(小写)117 000.00

销货单位	名　　称：长江机械厂　　　　　　　　　　　　　　　　　　　　　　　　　　纳税人识别号：454500000057575　　　　　　　　　　　　　　　　　　地址、电话：南京市建设大道500号　　　　　　　　　　　　　　　　　开户行及账号：868777700000002	备注

收款人：　　　　　复核：　　　　　　开票人：　　　　　　销货单位：(章) 长江机械厂

第二联：抵扣联　购货方扣税凭证

【凭7-2】

江苏省增值税专用发票
发 票 联

开票日期　2012 年 12 月 2 日　　　　　　　　　　　　　　　　　No. 00335201

购货单位	名　　称：东湖机械厂　　　　　　　　　　　　　　　　　　　　　　　　　　　　　　　　　纳税人识别号：420044444466666　　　　　　　　　　　　　　　　　　　　地址、电话：武汉市武汉大道128号　　　　　　　　　　　　　　　　　　　　　　　　　027-88581678　　　　　　　　　　　　　　　　　　　　开户行及账号：工行中心路办事处128333333388888	密码区

货物或应税劳务名称	规格型号	单位	数量	单价	金额	税率	税额
气压泵		台	1	100 000	100 000	17%	17 000
合　计			1	100 000	100 000		17 000

价税合计(大写)	壹拾壹万柒仟零佰零拾零元零角零分　　(小写)117 000.00

销货单位	名　　称：长江机械厂　　　　　　　　　　　　　　　　　　　　　　　　　　纳税人识别号：454500000057575　　　　　　　　　　　　　　　　　　地址、电话：南京市建设大道500号　　　　　　　　　　　　　　　　　开户行及账号：868777700000002	备注

收款人：　　　　　复核：　　　　　　开票人：　　　　　　销货单位：(章) 长江机械厂

第三联：发票联　购货方记账凭证

【凭7-3】

中国工商银行
转账支票存根
30804232
90252057

附加信息
_____
_____
_____

出票日期:2012年12月2日

| 收款人:长江机械厂 |
| 金额:117 000.00 |
| 用途:货款 |

单位主管　　　　　会计

【凭7-4】

固定资产验收单
2012年12月2日

名称	单位	数量	价格	预计使用年限	使用部门
气压泵	台	1	100 000	8	供气车间
备注					

制单:　　　　　　　　　　　审核:

【凭 7-5】

全国联运企业统一发票
抵 扣 联

开票日期　2012 年 12 月 2 日　　　　　　　　　　　发票代码
　　　　　　　　　　　　　　　　　　　　　　　　　发票号码

机打代码 机打号码 机器编号		密 码 区		加密版本：	
收货人及纳税 人识别号	东湖机械厂 420044444466666	发货站		到货站	
发货人及纳税 人识别号	长江机械厂 454500000057575	货物名称		件数	计费重量
	运输费用			其他费用	
运费项目	金额		其他项目		金额
运费小计	2 000.00		其他费用小计		
合计（大写）	人民币贰仟元整		小写：2 000.00		
承运人名称 纳税识别号	蚂蚁物流 454500000078789		主管税务机关及代码		

第一联：抵扣联　付款方扣税凭证

【凭 7-6】

全国联运企业统一发票
发 票 联

开票日期　2012 年 12 月 2 日　　　　　　　　　　　发票代码
　　　　　　　　　　　　　　　　　　　　　　　　　发票号码

机打代码 机打号码 机器编号		密 码 区		加密版本：	
收货人及纳税 人识别号	东湖机械厂 420044444466666	发货站		到货站	
发货人及纳税 人识别号	长江机械厂 454500000057575	货物名称		件数	计费重量
	运输费用			其他费用	
运费项目	金额		其他项目		金额
运费小计	2 000.00		其他费用小计		
合计（大写）	人民币贰仟元整		小写：2 000.00		
承运人名称 纳税识别号	蚂蚁物流 454500000078789		主管税务机关及代码		

第二联：发票联　付款方付款凭证

【凭7-7】

中国工商银行
转账支票存根
30804233
90252058

附加信息
_____
_____

出票日期：2012年12月2日

| 收款人：蚂蚁物流 |
| 金额：2 000.00 |
| 用途：运费 |

单位主管　　　会计

【凭8-1】

银行汇票申请书（存根）1

申请日期　2012年12月2日　　　　第　号

申请人	东湖机械厂		收款人	包钢公司							
账　号或地址	128333333388888武汉市武汉大道128号		账　号或地址	547845454566666包头市南京路426号							
用途	购买材料		代理付款行	工商银行							
汇票金额	人民币（大写）	贰拾万元整	千	百	十	万	千	百	十	元	角	分
				¥	2	0	0	0	0	0	0	0
备注：			科目：　　　对方科目：财务主管　复核　　经办								

此联申请人留存

【凭 8-2】

中国工商银行武汉市（支行）
邮、电、手续费收费凭证（付出传票）

2012 年 12 月 2 日

缴款单位名称:东湖机械厂	账号:128333333388888	信汇笔数		汇票笔数 1	
		异地托收信用证	笔数	（邮）	
				（电）	

邮费金额				电费金额				手续费金额				合计金额					中国工商银行
百	十	元	角	分	百	十	元	角	分	百	十	元	角	分	千	百	十	元	角	分	中心路办事处
											8	0	0	0			8	0	0	0	转讫

合计金额	人民币零佰捌拾零元零角零分	收款银行盖章 2012 年 12 月 3 日

【凭 8-3】

内蒙古自治区增值税专用发票
抵 扣 联

开票日期 2012 年 12 月 2 日　　　　　　　　　　　　　　　　　No.00435207

购货单位	名　　称:东湖机械厂 纳税人识别号:420044444466666 地址、电话:武汉市武汉大道 128 号 　　　　　　027-88581678 开户行及账号:工行 128333333388888	密码区					
货物或应税劳务名称	规格型号	单位	数量	单价	金额	税率	税额
圆钢		吨	40	3 200	128 000	17%	21 760
合　　计			40	3 200	128 000		21 760
价税合计(大写)		人民币壹拾肆万玖仟柒佰陆拾元整　　（小写)149 760					
销货单位	名　　称:包钢公司 纳税人识别号:420000420000666 地址、电话:包头市南京路 426 号,13974354321 开户行及账号:工行 547845454566666	备注					

收款人：　　　复核：　　　开票人：　　　销货单位:(章) 包钢公司

第二联：抵扣联　购货方扣税凭证

【凭 8-4】

内蒙古自治区增值税专用发票
发 票 联

开票日期 2012 年 12 月 2 日　　　　　　　　　　　　　　　　　　　No.00435207

购货单位	名　　称：东湖机械厂				密码区		
	纳税人识别号：420044444466666						
	地址、电话：武汉市武汉大道 128 号 027-88581678						
	开户行及账号：工行 128333333388888						
货物或应税劳务名称	规格型号	单位	数量	单价	金额	税率	税额
圆钢		吨	40	3 200	128 000	17%	21 760
合　　计			40	3 200	128 000		21 760
价税合计(大写)	人民币壹拾肆万玖仟柒佰陆拾元整　　(小写)149 760						
销货单位	名　　称：包钢公司				备注		
	纳税人识别号：420000420000666						
	地址、电话：包头市南京路 426 号，13974354321						
	开户行及账号：工行 547845454566666						

收款人：　　　　复核：　　　　开票人：　　　　销货单位：(章) 包钢公司

第三联：发票联　购货方记账凭证

【凭 8-5】

全国联运企业统一发票
抵 扣 联

开票日期 2012 年 12 月 2 日　　　　　　　　　　　发票代码
　　　　　　　　　　　　　　　　　　　　　　　　发票号码

机打代码 机打号码 机器编号		密码区	加密版本：
收货人及纳税人识别号	东湖机械厂 420044444466666	发货站	到货站
发货人及纳税人识别号	包钢公司 420000420000666	货物名称 圆钢	件数　　计费重量
运输费用		其他费用	
运费项目	金额	其他项目	金额
运费小计	4 000.00	其他费用小计	
合计(大写)	人民币肆仟元整	小写：4 000.00	
承运人名称 纳税识别号	蚂蚁物流 454500000078789	主管税务机关及代码	

第一联：抵扣联　付款方扣税凭证

【凭 8-6】

全国联运企业统一发票
发 票 联

发票代码
发票号码

开票日期 2012 年 12 月 2 日

机打代码 机打号码 机器编号		密 码 区		加密版本：	
收货人及纳税 人识别号	东湖机械厂 420044444466666	发货站		到货站	
发货人及纳税 人识别号	包钢公司 420000420000666	货物名称 圆钢	件数	计费重量	
	运输费用			其他费用	
运费项目	金额		其他项目	金额	
运费小计	4 000.00		其他费用小计		
合计（大写）	人民币肆仟元整		小写：4 000.00		
承运人名称 纳税识别号	蚂蚁物流 454500000078789		主管税务机关及代码		

第二联：发票联 付款方付款凭证

【凭 8-7】

中国工商银行进账单（回单或收账通知）

2012 年 12 月 2 日

收款人	全 称	东湖机械厂	付款人	全 称	包钢公司
	账号或地址	128333333388888		账号或地址	5478454545666
	开户银行	工行中心路办事处		开户银行	工行包头市支行

人民币 （大写）		千	百	十	万	千	百	十	元	角	分

票据种类	汇票余款转回	收款人开户银行盖章
票据张数		中国工商银行 中心路办事处 转讫

单位主管　　　会计　　　复核　　　记账

【凭 8-8】（自制）

材料验收入库单

验收日期：2012 年 12 月 2 日

品名	规格	单位	数量		实际价格				计划成本	
			应收	实收	单价	总价	运杂费	合计	单价	总价
合计										
材料成本差异				超支						

供销主管： 验收保管： 采购： 制单：

【凭 9-1】

湖北省增值税专用发票

（此联不作报销、扣税凭证使用）

开票日期 2012 年 12 月 2 日　　　　　　　　　　　　　　No.00235209

购货单位	名　　称：武汉物贸公司	密码区
	纳税人识别号：421523686896045	
	地址或电话：武汉民生大道164号	
	开户行及账号：425151535455560	

货物或应税劳务名称	规格型号	单位	数量	单价	金额	税率	税额
甲产品		件	10	15 000	150 000	17%	25 500
合　　计					150 000		25 500

| 价税合计（大写） | 人民币壹拾柒万伍仟伍佰元整　（小写）175 500 |

销货单位	名　　称：东湖机械厂	备注
	纳税人识别号：420044444466666	
	地址或电话：武汉市武汉大道128号	
	开户行及账号：工行 128333333388888	

收款人：　　　复核：　　　开票人：　　　销货单位：(章) 东湖机械厂

第一联：记账联　销货方记账凭证

【凭9-2】

武汉市联运公司　发票联

No:05282

单位名称:武汉物贸公司　　　2012年12月2日　　　托运单编号:1202

货物名称	计费重量	费用项目	单价	金　　额						
				万	千	百	十	元	角	分
甲产品	10件	商品运输费	150		1	5	0	0	0	0
合　　计				¥	1	5	0	0	0	0
		(大写)人民币壹仟伍百零拾零元零角零分								

复核：　　　　　　制单:张娟　　　　　　盖章:武汉市联运公司财务专用章

【凭9-3】

```
中国工商银行
转账支票存根
30804232

附加信息
_____
_____
_____

出票日期:2012年12月2日

收款人:武汉市联运公司
金额:1 500
用途:垫付运费

单位主管　　　会计
```

【凭9-4】

第1号

中国工商银行托收承付凭证（承付有款 回单）2

邮

托收号码：12001

委托日期：2012年12月2日

承付期限
到期 2012 年 12 月 12 日

付款人	全称	武汉物贸公司	收款人	全称	东湖机械厂		
	账号或地址	425151535455560		账号	128333333388888		
	开户银行	交行		开户银行	工行	行号	222

托收金额	人民币（大写）	壹拾柒万伍仟伍佰元整	千	百	十	万	千	百	十	元	角	分
					1	7	5	5	0	0	0	0

附寄单证张数或册数	附件	商品发运情况	合同名称号码

备注：	付款人注意： 1. 根据结算办法规定，上列托收款项在承付期限内未拒付时，即视同全部承付，如系全额支付即以此联代支款通知；如遇延付或部分支付时，再由银行另送延付或部分支付的支款通知。 2. 如需提前承付或多承付时，应另写书面通知送银行办理。 3. 如系全部或部分拒付，应在承付期限内另填拒绝承付理由书送银行办理。

单位主管　　会计　　复核　　记账　　付款人开户银行盖章　　月　日

【凭10-1】

商业承兑汇票（存根）

出票日期（大写）：贰零壹贰年壹拾贰月零贰日　　　　　汇票号码

付款人	全称	东湖机械厂	收款人	全称	武汉钢铁厂		
	账号	128333333388888		账号	429696969644444		
	开户银行	工行东湖支行		开户银行	工行		

出票金额	人民币（大写）	千	百	十	万	千	百	十	元	角	分

汇票到期日（大写）	贰零壹叁年零叁月零贰日	付款人开户行	行号	工行
交易合同号码			地址	
出票人签章		备注		

（注：带息票据，票据利息年6%）

【凭10-2】

湖北省增值税专用发票
抵 扣 联

开票日期 2012 年 12 月 2 日　　　　　　　　　　　　　　　　　　No.005358111

购货单位	名　　　　称：东湖机械厂　　　纳税人识别号：420044444466666　　　　　　　　　　　　　　　　　　　　　　　地址、电话：武汉市武汉大道128号　　　　　　　　　　　　　　　　　　　　　　　027-88581678　　　　　　　　　　　　　　　　　　　　　　　　　　开户行及账号：工行 12833333388888	密码区

货物或应税劳务名称	规格型号	单位	数量	单价	金额	税率	税额
圆钢		吨	50	3 300	165 000	17%	28 050
合　计					165 000		28 050

价税合计（大写）	人民币壹拾玖万叁仟零伍拾元整　（小写）193 050

销货单位	名　　　　称：武汉钢铁厂　　　　　　　　　　　　　　　　　　　　　　　纳税人识别号：426667878787855　　　　　　　　　　　　　　　　　　地址、电话：武汉和平大道423号,027-67468382　　　　　　　　　　开户行及账号：工行 429696969644444	备注

收款人：　　　复核：　　　　　　开票人：　　　　　销货单位：（章）武汉钢铁厂

第二联：抵扣联　购货方扣税凭证

【凭10-3】

湖北省增值税专用发票
发 票 联

开票日期 2011 年 12 月 2 日　　　　　　　　　　　　　　　　　　No.005358111

购货单位	名　　　　称：东湖机械厂　　　纳税人识别号：420044444466666　　　　　　　　　　　　　　　　　　　　　　　地址、电话：武汉市武汉大道128号　　　　　　　　　　　　　　　　　　　　　　　027-88581678　　　　　　　　　　　　　　　　　　　　　　　　　　开户行及账号：工行 12833333388888	密码区

货物或应税劳务名称	规格型号	单位	数量	单价	金额	税率	税额
圆钢		吨	50	3 300	165 000	17%	28 050
合　计					165 000		28 050

价税合计（大写）	人民币壹拾玖万叁仟零伍拾元整（小写）193 050

销货单位	名　　　　称：武汉钢铁厂　　　　　　　　　　　　　　　　　　　　　　　纳税人识别号：426667878787855　　　　　　　　　　　　　　　　　　地址、电话：武汉和平大道423号,027-67468382　　　　　　　　　　开户行及账号：工行 429696969644444	备注

收款人：　　　复核：　　　　　　开票人：　　　　　销货单位：（章）武汉钢铁厂

第三联：发票联　购货方记账凭证

【凭 11-1】

武汉市企业单位统一收据
2012 年 12 月 3 日

交款单位　张凯
人民币(大写)　壹仟伍佰元整　　　　　　　　　　￥ 1 500　　③
系　　付

现 金	√	记账联
支 票		
付 委		

收款单位(盖章有效)　　　　　财务　××××　　经手人　×××

【凭 11-2】

东湖机械厂出差报销单
2012 年 12 月 3 日

姓　名	张凯	工作部门	行政科	出差日期	11 月 25～28 日
出差事由	外出联系工作	出差地点	北京	往返天数	4 天
发生费用	交通费	住宿费	伙食补贴	其 他	合 计
	2 500.00	700.00	200.00	100.00	3 500.00
合 计	2 500.00	700.00	200.00	100.00	3 500.00
	人民币(大写)：叁仟伍佰元整				
预借金额	5 000.00	应退金额	1 500.00	应补金额	

批准人：王伟杰　　审核人：张梅　　部门主管：秦峰　　出差人：张凯

【凭 12-1】

中国工商银行信汇凭证(回单)
日期：2012 年 12 月 3 日

汇款人	全　称	东湖机械厂	收款人	全　称	西山煤矿
	账　号	128333333388888		账　号	工行西山办 444777
	汇出地	省　市		汇入地	省　市
金 额		人民币(大写)：捌万元整		￥ 80 000	

汇款用途：	留行待取预留 收款人印鉴	
上列款项已代进账,如有错误,请持此联来面洽。 汇入行盖章 年 月 日	上列款项已照收无误。 收款人盖章 年 月 日	科目(借) 对方科目(贷) 汇入行解汇日期 年 月 日 复核　　记账　　出纳

— 47 —

【凭12-2】

中国工商银行武汉市（支行）
邮、电、手续费收费凭证（付出传票）

2012年12月3日

缴款单位名称:东湖机械厂	账号:128333333388888	信汇笔数		电汇笔数	
		异地托收信用证		笔 数	（邮）（电）

邮费金额				电费金额				手续费金额				合计金额					
百	十	元	角	分	百	十	元	角	分	百	十	元	角	分	千	百	十	元	角	分
												8	0	0				8	0	0

合计金额	人民币（大写）	零佰捌拾零元零角零分	中国工商银行中心路办事处 转讫
			收款银行盖章 2007年12月3日

【凭13-1】

中国工商银行电汇凭证（回单）1

委托日期 2012年12月3日　　　　　　　　　　　　　　　　　　　　　　第132号

汇款人	全称	东湖机械厂	收款人	全称	东湖钢铁公司									
	账号或地址	128333333388888		账号或地址	7210054									
	汇出地点	武汉市武汉大道128号	汇出行名称	武汉市工商银行中心路办事处	汇入地点	省 湖北 市 武汉		汇入行名称	交通银行					
金额	人民币（大写）	壹拾陆万元整			千	百 ¥	十 1	万 6	千 0	百 0	十 0	元 0	角 0	分 0

汇款用途：

上列款项已根据委托办理，如须查询，请持此回单来行面洽。
单位主管　　　会计　　　出纳　　　记账　　　　　　　　　　　　　　　年　月　日

【凭 13-2】

武汉市工商银行中心路办事处手续费凭证（回单）1

2012 年 12 月 3 日　　　　　　　　　　　　　　　　　　第 13 号

付款人	全称	东湖机械厂		收款人	收款行	武汉市交通银行中心路办事处
	账号或地址	128333333388888			收款科目	
					收款账户	手续费收入户
单位签章	收费种类和标准				金　额	
预留印鉴	委托收款　每笔收费一元计　笔 信汇、电汇　每笔收费五角计　笔 本票、支票　每笔收费五角计　笔 信汇、电汇退汇　每笔收费五角计　笔 银行汇票　每笔收费一元计　笔 信汇、电汇查询　每笔收费五角计　笔 银行承兑汇票　票面金额0.5% 挂失　票面金额1%,不足五元按五元计			小写	百 十 元 角 分 ¥ 　1 6 0 0	
				大写	× 壹 陆 零 零	
				复核　　　　　　记账		

【凭 14-1】

湖北省增值税专用发票
此联不作报销、扣税凭证使用

开票日期 2012 年 12 月 3 日　　　　　　　　　　　　　　　　No.05762

购货单位	名称	北方贸易公司	纳税人登记号	625114621043
	地址或电话	黄河大道227号	开户银行及账号	工商银行黄道办事处86015

货物或应税劳务名称	计量单位	数量	单价	金　额 千 百 十 万 千 百 十 元 角 分	税率%	税　额 千 百 十 万 千 百 十 元 角 分
乙产品	件	10	8 000	8 0 0 0 0 0	17	1 3 6 0 0 0

价税合计（大写）	人民币玖万叁仟陆佰元整　（小写）93 600.00			
销货单位	名称	东湖机械厂	纳税人登记号	420044444466666
	地址、电话	武汉市武汉大道128号 027-88581678	开户银行及账号	武汉市工商银行中心路办事处 128333333388888

收款人：王娟　　　　　　开票单位（未盖章无效）　东湖机械厂

第一联：记账联　销货方记账凭证

【凭 14-2】

货 票

计划号码或运输号码　　市铁路　丙联　承运及收款凭证:发站—托运人

发站	武汉	到站( )	临汾	车种车号		火车		货车标重		承运人/托运人装车	
经由			货物运到期限	施封号码或铁路局号码							
运价里程	300千米		集装箱箱型	保价金额		20 300.00		现付费用			
								费别	金额	费别	金额
托运人名称			东湖机械厂					运费	300.00		
收货人名称及地址			北方贸易公司								
货物品名	品名代码	件数	货物重量	计费重量		运价号		运价率			
乙产品		10									
合计											
集装箱号码											
记事								合计	300.00		
发运站											

【凭 14-3】

中国工商银行　　（鄂）
转账支票存根

Ⅸ Ⅱ　00770128

科　　目＿＿＿＿＿＿＿＿
双方科目＿＿＿＿＿＿＿＿
出票日期 2012 年 12 月 3 日

收款人:临汾铁路局
金额:300.00
用途:运费

单位主管　　　　会计

【凭 14-4】

中国工商银行信汇凭证（回单）1

委托日期 2012 年 12 月 3 日　　　　　　　　　　　　　　　　　　第 135 号

汇款人	全称	东湖机械厂			收款人	全称	北方贸易公司		
	账号或地址	128333333388888				账号或地址	86015		
	汇出地点	省市县 武汉	汇出行名称	中心路办事处		汇入地点	省市县 临汾	汇入行名称	工商银行黄道办事处
金额	人民币（大写）					百	十 万 千	百 十 元	角 分
								2 4	9
汇款用途：							汇出行盖章		

此联为银行收款后退回单位的支款通知

上列款项已根据委托办理，如须查询，请持此回单来行面洽。
单位主管　　会计　　出纳　　记账　　　　　　　　　　年　月　日

【凭 14-5】

中国工商银行手续费凭证（回单）1

2012 年 12 月 3 日　　第　号

付款人	全称	东湖机械厂		收款人	收款行	工商银行黄道办事处			
	账号或地址	128333333388888			收款科目				
	开户银行	工商银行中心路办事处			收款账户	手续费收入户			
单位签章		收费种类和标准			金额				
预留印鉴	委托收款	每笔收费一元计	笔	小写	百	十	元	角	分
	信汇、电汇	每笔收费五角计	笔		¥ 1	0	0	0	0
	本票、支票	每笔收费五角计	笔						
经手人章	信汇、电汇、退汇	每笔收费五角计	笔	大写	× 壹	零	零	零	
	银行汇票	每笔收费一元计	笔						
	信汇、电汇查询	每笔收费五角计	笔						
	银行承兑汇票	票面金额 0.5%		复核				记账	
	挂失	票面金额 1%，不足五元按五元计							

此联为银行收款后退回单位的支款通知

【凭 15-1】

中国工商银行　（鄂）
转账支票存根
Ⅸ Ⅱ　00770128
科　　目＿＿＿＿＿＿＿＿＿＿
双方科目＿＿＿＿＿＿＿＿＿＿
出票日期 2012 年 12 月 3 日

收款人：新疆石河子希望小学
金额：¥50 000
用途：捐款

单位主管　　　　　会计

【凭 15-2】

行政事业性统一银钱收据

财 A-01-01

No. 4100654
支票号：770119

今收到　　东湖机械厂
交　来　　希望工程捐款
人民币（大写）　　伍万元整　　　　¥50 000.00
收款单位
（公章）　新疆石河子希望小学　　（签章）张扬　　2012 年 12 月 3 日

第二联：收据

【凭 16】

中国工商银行现金支票存根
支票号码 1013488
科　　目＿＿＿＿＿＿＿＿＿＿
对方科目＿＿＿＿＿＿＿＿＿＿
出票日期 2012 年 12 月 3 日

收款人：东湖机械厂
金额：3 000.00
用途：备用金

单位主管　　　　　会计

【凭17】

```
            中国工商银行现金支票存根
       支票号码 1013489
       科    目 _____
       对方科目 _____
       出票日期 2012 年 12 月 4 日
      ┌─────────────────────────┐
      │ 收款人：东湖机械厂        │
      │ 金额：3 000.00           │
      │ 用途：备用金              │
      └─────────────────────────┘
       单位主管          会计
```

【凭18-1】

| 委邮 |

中国工商银行**委托收款凭证**（收账通知）

托收日期：2011 年 11 月 25 日
承付日期：2012 年 12 月 3 日

付款人	全 称	新达工厂	收款人	全 称	东湖机械厂
	账号或地址	444555		账号或地址	128333333388888
	开户银行	工行丰采路办事处		开户银行	工行中心路办事处

托收金额	人民币（大写）	捌万零仟捌佰元整	千	百	十	万	千	百	十	元	角	分
					¥	8	0	8	0	0	0	0

备注：	中国工商银行 中心路办事处 转讫	上列款项已由付款人开户银行 全额划回收入你方账户。 此致！ 收款人 （收款人开户行盖章） 月 日	科目： 对方科目： 转账日期：2012 年 12 月 3 日 单位主管： 会计： 复核： 记账：

【凭18-2】

应收票据利息计算表
2012 年 12 月 3 日

票据种类	商业承兑汇票	票面金额	
计息时间	3 个月	票面利率	4％
应得利息	人民币（大写）	¥：	

复核：张梅   制表：

【凭19】

长江证券中央登记结算公司

成交过户交割单　　　　2012 年 12 月 4 日　　　　　　　　　　　　　（买）

股东编号	A0099	成交证券	普通股股票	
电脑编号	Z0077	成交数量	5 000 股	
公司名称	天龙公司	成交价格	10 元	
申报编号	120105	成交金额	50 000 元	③ 通知联　此联收款人存查
申报时间	12 月 2 日	佣　金	450 元	
成交时间	201212041420	过户费		
上次余额		印花税		
本次成交	新安机械厂	应付金额		
本次余额	财务专用章	到期日期	50 450 元	
本次库存		到期金额		

经办单位：证券公司门市部　　　　　　　　客户签章：

【凭20-1】

商业承兑汇票（收款联）2

00100062
签发日期 2012 年 12 月 5 日　　　　　　　第 12 号

付款人	全　称	新安机械厂	收款人	全　称	东湖机械厂									
	账　号	2244556		账　号	128333333388888									
	开户银行	工行河办	行号		开户银行	工行中心路办事处		行号						
汇票金额	人民币（大写）	壹拾玖万元整			千	百	十	万	千	百	十	元	角	分
							¥1	9	0	0	0	0	0	0
汇票到期日	2013 年 3 月 4 日		票面利率		5%									

备注：
　　本汇票已经本单位承兑，到期日无条件支付票据款。此致
　　付款人

付款人盖章　新安机械厂 财务专用章　　　　负责　　　　经办

【凭 20-2】

湖北省增值税专用发票

（此联不作报销、扣税凭证使用）

开票日期 2012 年 12 月 5 日　　　　　　　　　　　　　　　　　No.002352081

购货单位	名称：新安机械厂　　纳税人识别号：421313875632107　　地址、电话：武汉 027-84546412　　　　　　　　　　　　　　　　　　　　　　　　　　　　　　　　　　　开户行及账号：工行 123484849464231	密码区

货物或应税劳务名称	规格型号	单位	数量	单价	金额	税率	税额
乙产品		件	20	8 000	160 000	17%	27 200
合　计					160 000		27 200

价税合计（大写）	人民币壹拾捌万柒仟贰佰元整　（小写）187 200

销货单位	名称：东湖机械厂　　纳税人识别号：420044444466666　　　　　　　　　　　　　　　　　　　　　　　　　　　　　　　　　　　　　　　地址、电话：武汉市武汉大道 128 号　　　　　　　　　　　　　　　　　　　　　　　　　　　　　　　　　　　　开户行及账号：工行 128333333388888	备注

收款人：　　　　复核：　　　　开票人：　　　　销货单位：(章) 东湖机械厂

第一联：记账联　销货方记账凭证

【凭 20-3】

中国工商银行
转账支票存根
30804232

附加信息

出票日期：2012 年 12 月 5 日

收款人：武汉市联运公司
金额：2 800
用途：垫付运费
单位主管　　　　会计

【凭21-1】

短期借款申请书

企业名称	东湖机械厂	法人代表	王伟杰	企业性质	
地 址	武汉市武汉大道128号	财务负责人	叶凡	联系电话	
经营范围		主管部门	机电公司		
借款期限	自2012年12月5日至2013年5月31日			申请金额	150 000.00

主要用途及其效益说明：
　　本公司近半年来生产情况很好,产品销售情况现有所好转,但由于回收货款较困难,特申请短期贷款

申请单位财务章： 财务部门 负责人：叶凡	信贷员意见： 行政主管 领　导：高丰	业务部门 负责人：王军

【凭21-2】

贷款凭证（3）（收账通知）
2012年12月5日

总字第 8010 号

贷款单位名称	东湖机械厂		种类	流动资金贷款	贷款户账号	128333333388888								
金　额	人民币(大写)：壹拾伍万元整					千	百	十	万	千	百	十	元	角	分
						¥		1	5	0	0	0	0	0	0
用途	生产周转	单位申请期限	自2012年12月5日起至2013年5月31日止		利率	11.19%								
		银行核定期限	自2012年12月5日起至2013年5月31日止											

上述贷款已核准发放　流动资金贷款，
并已转收你单位　中心路办事处
账户账号：128333333388888

银行签字　　2012年12月5日

单位会计分录：
　收入 ……………………
　　　付出 ……………………
复核　　　　　　　　　记账
主管　　　　　　　　　会计

【凭 22-1】

湖北省增值税专用发票
抵 扣 联

开票日期 2012 年 12 月 6 日　　　　　　　　　　　　　　　　　　　　　No.006352021

购货单位	名　　称：东湖机械厂 纳税人识别号：420044444466666 地址、电话：武汉市武汉大道128号 　　　　　　027-88581678 开户行及账号：工行 128333333388888	密码区	
货物或应税劳务名称	规格型号	单位	数量	单价	金额	税率	税额
滑润油		千克	50	38.00	1 900.00	17%	323.00
合　　计					1 900.00		323.00
价税合计（大写）	人民币贰仟贰佰贰拾叁元整　（小写）2 223.00
销货单位	名　　称：湖北天宇公司 纳税人识别号：423434343535366 地址或电话：武汉中山大道635号 开户行及账号：工行 585960232323233	备注	

收款人：　　　复核：　　　　　开票人：　　　销货单位：（章）湖北天宇公司

第二联：抵扣联　购货方扣税凭证

【凭 22-2】

湖北省增值税专用发票
发 票 联

开票日期 2012 年 12 月 6 日　　　　　　　　　　　　　　　　　　　　　No.006352021

购货单位	名　　称：东湖机械厂 纳税人识别号：420044444466666 地址、电话：武汉市武汉大道128号 　　　　　　027-88581678 开户行及账号：工行 128333333388888	密码区	
货物或应税劳务名称	规格型号	单位	数量	单价	金额	税率	税额
滑润油		千克	50	38.00	1 900.00	17%	323.00
合　　计					1 900.00		323.00
价税合计（大写）	人民币贰仟贰佰贰拾叁元整　（小写）2 223.00
销货单位	名　　称：湖北天宇公司 纳税人识别号：423434343535366 地址或电话：武汉中山大道635号 开户行及账号：工行 585960232323233	备注	

收款人：　　　复核：　　　　　开票人：　　　销货单位：（章）湖北天宇公司

第三联：发票联　购货方记账凭证

【凭 22-3】（自制）

材料验收入库单

验收日期：2012 年 12 月 7 日

品名	规格	单位	数量		实际成本				计划成本	
			应收	实收	单价	总价	运杂费	合计	单价	总价
合计										
材料成本差异										

供销主管：　　　　　验收保管：　　　　　采购：　　　　　制单：

【凭 23-1】

```
中国工商银行            （鄂）
转账支票存根
Ⅸ Ⅱ  0070132
科    目 _____
双方科目 _____
出票日期    年    月    日
┌─────────────────────┐
│ 收款人：武汉市创意广告公司 │
│ 金额：￥30 000           │
│ 用途：广告费             │
└─────────────────────┘
单位主管        会计
```

【凭 23-2】

湖北省武汉市服务业务统一发票
发 票 联

客户名称：东湖机械厂　　　　　　　　　　　　　　鄂Ⅲ　No.1505759

2012 年 12 月 6 日

项目	单位	数量	单价	金额							
				十	万	千	百	十	元	角	分
广告费					3	0	0	0	0	0	0
				￥	3	0	0	0	0	0	0
合计人民币（大写）	叁万零仟零佰零拾零元零角零分										

（盖章）武汉市创意广告公司　　　　　　财务：　　　　　开票：李 相

【凭 24-1】

武汉市科研单位统一收据

2012 年 12 月 7 日

交款单位　东湖机械厂

人民币(大写)　壹拾贰万元整　　　　　　　　　　￥ 120 000.00　　③

系　　　付　购买非专利技术

收款单位(盖章有效)　（东湖科研所 财务专用章）

现　金		记
支　票	√	账
付　委		联

财务　张良　　经手人　席寺

【凭 24-2】

中国工商银行
转账支票存根
30804230
90252055

附加信息
_____
_____
_____

出票日期：2012 年 12 月 7 日

| 收款人：东湖科研所 |
| 金额：￥120 000.00 |
| 用途：购买非专利技术 |

单位主管　　　　会计

【凭 25-1】

中国工商银行现金支票存根

支票号码 1013488
科　　目 _____
对方科目 _____
出票日期 2012 年 12 月 7 日

| 收款人：李水银 |
| 金额：2 000.00 |
| 用途：付抚恤金 |

单位主管　　　　会计

【凭 25-2】

东湖机械厂补助申请单

申请人	李水根	补助原因	李龙丧葬费抚恤金
申请金额	贰仟元		
部门意见	同意按规定支付 丧葬费抚恤金贰仟元 张奈　2012年12月7日	代收据	今收到 李龙丧葬费抚恤金 人民币贰仟元 　　收款人：李水根 　　　　　2012年12月7日
工会意见	同意。 　　华东　2012年12月7日		

【凭 26-1】

固定资产租赁合同

2012年12月7日

出租单位名称	东湖机械厂	租入单位名称	江源市机床经销公司
固定资产名称	产成品仓库	类别	原始价值	116 500.00
租金	每年8 400元	租赁期限	两年	备注	

【凭 26-2】

中国工商银行进账单（收账通知）3

2012年12月7日　　　　　　　　　　　　第004号

付款人	全称	江源市机床经销公司	收款人	全称	东湖机械厂
	账号	368945		账号	128333333388888
	开户银行	工行兴安办事处		开户银行	工行中心路办事处
人民币（大写）	捌仟肆佰元整		千百十万千百十元角分 ¥　　　8 4 0 0 0 0
票据种类			
票据张数			收款人开户银行盖章

【凭 27-1】

湖北省增值税专用发票
此联不作报销、扣税凭证使用

开票日期　2012 年 12 月 8 日　　　　　　　　　　　　　　　　No.00235223

购货单位	名　　称：光明机械厂 纳税人识别号：400444111 地址、电话：东原市中山路，037-89456782 开户行及账号：工行东原市支行 0077788	密码区				
货物或应税劳务名称	规格型号	单位	数量	单价	金额	税率	税额
甲产品		件	20	15 000	300 000	17%	51 000
乙产品		件	30	8 000	240 000		40 800
合　计					540 000		91 800
价税合计（大写）	人民币陆拾叁万壹仟捌佰元整　（小写）631 800						
销货单位	名　　称：东湖机械厂 纳税人识别号：420044444466666 地址、电话：武汉市武汉大道 128 号 开户行及账号：工行 128333333388888	备注	付款条件 2/10、1/20、n/30				

收款人：　　　复核：　　　开票人：　　　销货单位：(章) 东湖机械厂

第一联：记账联　销货方记账凭证

【凭 27-2】

(邮)　　中国工商银行**托收承付凭证**(承付有款 回单) 2　　　　第　号

　　　　　　　　　　　　　　　　　　　　　　　　托收号码：

委托日期：　年　月　日　　　　　　　　承付期限　到期　年　月　日

付款人	全　称		收款人	全　称		
	账号或地址			账号		
	开户银行			开户银行		行号
托收金额	人民币（大写）：				千百十万千百十元角分	
附　件		商品发运情况		合同名称号码		
附寄单证张数或册数						
备　注：	付款人注意： 1.根据结算办法规定，上列托收款项在承付期限内未拒付时，即视同全部承付，如系全额支付即以此联代支款通知；如遇延付或部分支付时，再由银行另送延付或部分支付的支款通知。 2.如需提前承付或多承付时，应另写书面通知送银行办理。 3.如系全部或部分拒付，应在承付期限内另填拒绝承付理由书送银行办理。					

单位主管　　会计　　复核　　记账　　付款人开户银行盖章　　年　月　日

【凭 27-3】

**中国工商银行
转账支票存根**
30804230
90252055

附加信息
_____
_____

出票日期：2012 年 12 月 8 日

| 收款人：武汉市联运公司 |
| 金额：6 000 |
| 用途：代垫运费 |

单位主管　　　会计

【凭 27-4】

武汉市联运公司　发票联　　No.05295

单位名称：光明机械厂　　2012 年 12 月 8 日　　托运单编号：1203

货物名称	计费重量	费用项目	单价	金额					
				万	千	百	十	元	角	分
甲产品	20 件	商品运输费	150		3	0	0	0	0	0
乙产品	30 件	商品运输费	100		3	0	0	0	0	0
合　计				￥	6	0	0	0	0	0
	（大写）×万陆仟零佰零拾零元零角零分									

复核：　　　　制单：张娟　　　　盖章：武汉市联运公司财务专用章

【凭 28-1】

| 付款期限 壹个月 | | 中国工商银行
银行汇票 | 汇票号码 DY0034
第 101 号 | |

签发日期（大写） 贰零壹贰年拾贰月陆日　　　代理付款行：中国工商银行中心路支行　行号：555

收款人：武汉钢铁厂		账号或地址：429696969644444　武汉和平大道423号									
汇款金额人民币（大写）：壹拾贰万元整											
实际结算金额	人民币（大写）	壹拾贰万元整	千	百	十	万	千	百	十	元	角	分
					1	2	0	0	0	0	0	0

【凭 28-2】

中国工商银行汇票委托书（存根） ①　　No.051205

委托日期　2012 年 12 月 6 日

汇款人		收款人	
账号或住址		账号或住址	
兑付地点	省　市/县　　兑付行	汇款用途	
汇款金额	人民币（大写）		￥
备注：		科目：_____ 对方科目：_____ 主管：　复核：　经办：	

【凭 29】

中国工商银行现金支票存根

支票号码 1013488
科　目 _____
对方科目 _____
出票日期 2012 年 12 月 6 日

　收款人：东湖机械厂
　金额：1 000.00
　用途：备用金

单位主管　　　　　会计

【凭 30-1】

捐赠协议书

2012 年 12 月 8 日

捐赠单位	外商李明	接受单位	东湖机械厂
账号或地址	US00—56789	账号或地址	128333333388888
开户银行	美国纽约分行	开户银行	工行中心路办事处
捐赠金额	人民币（大写）：贰拾万元整		
协议条款	经双方友好协商达成如下协议： 1. 建立互惠互利机制。 2. 双方沟通信息，开拓市场。 3. 外商李明愿意无偿捐赠新轿车一辆。 捐赠代表签字：李明　　　　　　　　　　接受代表签字：王伟		

【凭 30-2】

固定资产验收单

2012 年 12 月 8 日

名称	单位	数量	价格	预计使用年限	使用部门
轿车		1	200 000	10	厂部办公室
备注					

制单：　　　　　　　　　　　　　　　审核：

【凭 31-1】

武汉市企业单位统一收据

2012 年 12 月 9 日

交款单位　东湖机械厂

人民币（大写）　陆万元整　　　　　　　　　　　　　　￥ 60 000

系　付　预付简易仓库包工款

收款单位（盖章有效）：武汉市丰采建筑公司财务专用章　　财务稽查　经手人须平
账号：0045321 开户行：工商湖办

（说明：出包方式建造厂部管理部门用的一个简易仓库，工程预算总造价 120 000 元，本日开工预付合同规定款的 50%，预计 20 天完工。）

现金	
支票	√
付委	

③ 记账联

【凭 31-2】

```
中国工商银行
转账支票存根
30804237
90252060

附加信息
_____
_____
_____

出票日期:2012 年 12 月 9 日
收款人:武汉市丰采建筑公司
金额:60 000.00
用途:包工款
单位主管      会计
```

【凭 32-1】

```
中国工商银行现金支票存根
支票号码 10134999
科    目 _____
对方科目 _____
出票日期 2012 年 12 月 10 日

收款人:李洁
金额:3 000.00
用途:备用金

单位主管      会计
```

【凭 32-2】

借条

行政科今借备用金叁仟元整。

借款人:行政科李洁

2012 年 12 月 10 日(盖章)

【凭33-1】

中国工商银行
银行汇票（多余款收账通知）3

付款期限 壹个月

汇票号码 DY0034
第 101 号

签发日期（大写）：贰零壹贰年拾贰月玖日　　代理付款行：中国工商银行中心路支行　行号：555

收款人：武汉钢铁厂	账号或地址：429696969644444　武汉和平大道423号

汇款金额人民币（大写）：壹拾贰万元整

实际结算金额	人民币（大写）	壹拾壹万元整	千	百	十	万	千	百	十	元	角	分
				¥	1	1	0	0	0	0	0	0

汇款人：　　　　　　　　　　账号或地址：

签发行：　　　行号：

多余金额
百 十 万 千 百 十 元 角 分
¥ 1 0 0 0 0 0 0

左列退回多余金额已收入你账户内。

汇款用途：

签发行盖章　　　年 月 日　　　　　　　　　财务主管　复核　经办

【凭33-2】

武汉市联运公司
发票联

No. 05295

单位名称：东湖机械厂　　2012年12月9日　　　　托运单编号：1209

货物名称	计费重量	费用项目	单价	金额						
				万	千	百	十	元	角	分
圆钢	30吨	商品运输费			1	1	9	0	0	0
合　计				¥	1	1	9	0	0	0
	(大写)⊗万壹仟壹佰玖拾元零角零分									

复核：　　　　　　制单：张娟　　　　　盖章：武汉市联运公司财务专用章

【凭33-3】

湖北省增值税专用发票
抵 扣 联

开票日期 2012 年 12 月 6 日　　　　　　　　　　　　　　　　　　No.006352023

购货单位	名　　称：东湖机械厂 纳税人识别号：420044444466666 地址、电话：武汉市武汉大道128号 　　　　　　027-88581678 开户行及账号：工行128333333388888	密码区	
货物或应税劳务名称	规格型号	单位	数量	单价	金额	税率	税额
圆钢		吨	30	3 100	93 000	17%	15 810
合　　计					93 000		15 810
价税合计（大写）	人民币壹拾万捌仟捌佰壹拾元整　　（小写）108 810
销货单位	名　　称：武汉钢铁厂 纳税人识别号：426667878787855 地址、电话：武汉和平大道423号 开户行及账号：工行429696969644444	备注	

收款人：　　　复核：　　　开票人：　　　销货单位：（章）武汉钢铁厂

第二联：抵扣联　购货方扣税凭证

【凭33-4】

湖北省增值税专用发票
发　票　联

开票日期 2012 年 12 月 6 日　　　　　　　　　　　　　　　　　　No.006352023

购货单位	名　　称：东湖机械厂 纳税人识别号：420044444466666 地址、电话：武汉市武汉大道128号 　　　　　　027-88581678 开户行及账号：工行128333333388888	密码区	
货物或应税劳务名称	规格型号	单位	数量	单价	金额	税率	税额
圆钢		吨	30	3 100	93 000	17%	15 810
合　　计					93 000		15 810
价税合计（大写）	人民币壹拾万捌仟捌佰壹拾元整　　（小写）108 810
销货单位	名　　称：武汉钢铁厂 纳税人识别号：426667878787855 地址、电话：武汉和平大道423号 开户行及账号：工行429696969644444	备注	

收款人：　　　复核：　　　开票人：　　　销货单位：（章）武汉钢铁厂

第三联：发票联　购货方记账凭证

【凭34-1】

湖北省增值税专用发票
抵 扣 联

开票日期 2012 年 12 月 6 日　　　　　　　　　　　　　　　　No.006352021

购货单位	名　　称：东湖机械厂 纳税人识别号：420044444466666 地址、电话：武汉市武汉大道128号 　　　　　　027-88581678 开户行及账号：工行128333333388888		密码区	
货物或应税劳务名称	规格型号	单位	数量	单价	金额	税率	税额
材料E		个	10	38.00	380.00	17%	64.60
合　　计					380.00		64.60
价税合计（大写）	人民币肆佰肆拾肆元陆角零分　（小写）444.60

销货单位	名　　称：湖北天宇公司 纳税人识别号：423434343535366 地址、电话：武汉中山大道635号 开户行及账号：工行585960232323233	备注

收款人：　　　复核：　　　开票人：　　　销货单位：(章) 湖北天宇公司

第二联：抵扣联 购货方扣税凭证

【凭34-2】

湖北省增值税专用发票
发 票 联

开票日期 2012 年 12 月 6 日　　　　　　　　　　　　　　　　No.006352021

购货单位	名　　称：东湖机械厂 纳税人识别号：420044444466666 地址、电话：武汉市武汉大道128号 　　　　　　027-88581678 开户行及账号：工行128333333388888		密码区	
货物或应税劳务名称	规格型号	单位	数量	单价	金额	税率	税额
材料E		个	10	38.00	380.00	17%	64.60
合　　计					380.00		64.60
价税合计（大写）	人民币肆佰肆拾肆元陆角零分　（小写）444.60

销货单位	名　　称：湖北天宇公司 纳税人识别号：423434343535366 地址、电话：武汉中山大道635号,027-84637681 开户行及账号：工行585960232323233	备注

收款人：　　　复核：　　　开票人：　　　销货单位：(章) 湖北天宇公司

第三联：发票联 购货方记账凭证

【凭 35】（自制）

材料验收入库单

验收日期：2012 年 12 月 8 日

品名	规格	单位	数量		实际成本				计划成本	
			应收	实收	单价	总价	运杂费	合计	单价	总价
材料 E		个	10	10	38				40.00	
合计										
材料成本差异										

供销主管：　　　　　　验收保管：　　　　　采购：　　　　制单：

【凭 36-1】

东湖机械厂原材料溢缺报告单

2012 年 12 月 9 日　　　　　　　　　　　　　　　记账联

原材料名称	计量单位	单价	应收数		实收数		溢余		短缺		备注
			数量	金额	数量	金额	数量	金额	数量	金额	
生铁	吨		50		49				1		
合　　计											

原因分析：　　　　　　　　　　　　　审批意见：

单位（盖章）：　　　　　财务科负责人：　　　　　　制表：

【凭 36-2】

收 料 单

供货单位：包钢公司　　　　　　　　　　　　　　　　　　No. 12004
发票号码：004567　　　　　2012 年 12 月 9 日　　　收货仓库：材料库

材料类别	名称及规格	计量单位	数量		实际成本		计划成本		成本差异
			应收	实收	单价	金额	单价	金额	
原材料	生铁	吨	50	49	1 360	66 640	1 400	68 600	1 960
合　　计			50	49	1 360	66 640	1 400	68 600	1 960

记账联

质量检验：李的　　　　　　收料：张左　　　　　　　制单：严峻

【凭37-1】

武汉市商业零售统一发票
发 票 联

客户名称：东湖机械厂　　　　　2012 年 12 月 9 日　　　　　　　　No.1204567

货号	品名及规格	单位	数量	单价	超十万元无效	金　　　额							报销凭证
						万	千	百	十	元	角	分	2
	公文包	个	50	20.00		¥	1	0	0	0	0	0	
合计金额（大写）	零万壹仟零佰零拾零元零角零分					¥	1	0	0	0	0	0	
付款方式	转账支票			开户银行及账号		工行中心路办事处							

收款企业（盖章有效）　　　　收款人：沈乐　　　　　　开票人：饶古

（武汉市文具商店财务专用章）

【凭37-2】

办公用品领用单（记　账　联）
2012 年 12 月 9 日

领用部门	用品类别	用品名称	计量单位	数量		单价	金额	用途
				请领	实领			
生产车间		公文包	只	15	15	20	300	办公用
机修车间		公文包	只	4	4	20	80	办公用
供气车间	包	公文包	只	4	4	20	80	办公用
销售机构		公文包	只	2	2	20	40	办公用
厂部		公文包	只	25	25	20	500	办公用
合　　计				50	50	20	1 000	

仓库主管：陈青　　　　发料人：严峻　　　　领料人：顾全、计明、龙江、吉林、胡为

【凭37-3】

中国工商银行
转账支票存根
30804237
90252060

附加信息

出票日期：2012年12月9日

| 收款人：武汉市文具商店 |
| 金额：1 000.00 |
| 用途：购买公文包 |

单位主管　　　　会计

【凭38-1】

委托加工材料发料单

No.12001

加工单位　万嘉木器加工厂
加工合同　051130　　　　2012年12月9日　　　　发料仓库　原材料库

材料类别	名称及规格	计量单位	实发数量	计划单价	金额
原材料	木材	m³	10	600	6 000

记账联

仓库主管：陈青　　　　　　　　　　　　　　发料人：严峻

【凭38-2】（自制）

原材料成本差异率计算表

年　月　日

项目	计量单位	数量	计划单价	计划金额	月初成本差异率	应调整成本差异额
合　计						

复核：　　　　　　　　　　　　　　制表：

（说明：按月初包装材料的差异率随时结转材料成本差异。）

【凭39-1】

中国工商银行信汇凭证（收账通知或取款收据） 4   第1456号

应解汇款编号

汇款人	全称	红星公司			收款人	全称	东湖机械厂		
	账号或地址	184005				账号或住址	128333333388888 武汉市武汉大道128号		
	汇出地点	省黄石市	汇出行名称	工行华美办事处		汇入地点	省武汉市	汇入行名称	工行中心路办事处

金额	壹拾叁万元整	千	百	十	万	千	百	十	元	角	分
				¥1	3	0	0	0	0	0	0

汇款用途：货款

留行待取预留收款人印鉴

款项已收入收款人账户	款项已收妥	科目（借）................ 对方科目（贷）............ 汇入行解汇日期 2012年12月9日
汇入行盖章 2012年12月9日	收款人盖章 2012年12月9日	复核　　　出纳 记账

【凭39-2】

债务重组协议

甲方（债权人）：东湖机械厂
乙方（债务人）：红星公司

　　2012年5月乙方购甲方产品欠货款150 245元，由于乙方企业资金周转困难，货款一直未能支付。现经双方多次协调，达成新的付款协议，乙方以130 000元清偿前欠甲方的货款。

　　本协议自双方签章开始生效。

甲　　方：东湖机械厂　　　　　　　　　　　　　乙　　方：红星公司
法人代表：王伟杰　　　　　　　　　　　　　　　法人代表：张加厚
2012年12月9日　　　　　　　　　　　　　　　　2012年12月9日

【凭 40】

收 料 单

供货单位：武汉钢铁厂　　　　　　　　　　　　　　　　　　　　　　No.12007
发票号码：0512022　　　　　2012 年 12 月 10 日　　　　收货仓库：材料库

材料类别	名称及规格	计量单位	数量		实际成本		计划成本		成本差异
			应收	实收	单价	金额	单价	金额	
原材料	圆钢	吨	30	30	3 139.67	94 190	3 000	90 000	4 190
合　　计			30	30	3 139.67	94 190	3 000	90 000	4 190

质量检验：李的　　　　　　　　　收料：张左　　　　　　　　　制单：严峻

（记账联）

【凭 41-1】

东湖机械厂原材料溢缺处理意见单

2012 年 12 月 10 日

事　　理	材料名称	数量	实际成本	计划成本	成本差异
向包钢公司采购短缺	生铁	1 吨	1 360	1 400	40
原因	1. 包钢公司少发 0.5 吨。 2. 包头联运公司运输途中损失 0.5 吨。				
处理意见	1. 经与包钢公司联系，包钢公司少发的 0.5 吨由包钢公司补发，已在运输途中。 2. 经与包头联运公司联系，包头联运公司运输途中损失的 0.5 吨，由包头联运公司承担赔偿。 　　　　　　　　　　　　　　　　　　　　东湖机械厂业务科				
审批意见	财务科： 　　同意，应收赔偿款开出收据收取。 　　　　签字：杨为　　　　　　　　厂部： 　　　　　　　　　　　　　　　　同意。请业务科、财务科办理。 　　　　　　　　　　　　　　　　　　签字：王伟				

【凭41-2】

武汉市企业单位统一收据
2012 年 12 月 10 日

交款单位　包头联运公司

人民币(大写)　柒佰玖拾元伍角零分　　　　　　　￥ 790.50

系　　付　运输途中损失赔偿款

现金	✓
支票	
付委	

③ 记账联

收款单位(盖章有效)　　　财务　杨为　　　经手人　赵可

（东湖机械厂 财务专用章）

【凭42】

中国工商银行进账单(回单或收账通知)
2012 年 12 月 10 日

收款人	全称	东湖机械厂	付款人	全称	大宇公司
	账号或地址	888999		账号或地址	0077788
	开户银行	工行中心路办事处		开户银行	工行东原市支行

人民币(大写)	捌万元整	千	百	十	万	千	百	十	元	角	分
					￥8	0	0	0	0	0	0

票据种类	银行汇票
票据张数	1

收款人开户银行盖章

（中国工商银行 中心路办事处 转讫）

单位主管　　　会计　　　复核　　　记账

(说明:为乙产品而预付的货款)

【凭43】

第 号

托收承付凭证（收账通知） 4

托收号码：

承付期限 10 天
到期 2012 年 12 月 10 日

（邮）

委托日期：2012 年 11 月 30 日

付款人	全 称	龙丰机械厂			收款人	全 称	东湖机械厂	
	账号或地址	135000078444478				账 号	128333333388888	
	开户银行	工商银行	行号			开户银行	工行中心路办事处	行号

托收金额	人民币（大写）	贰拾万元整	百 十 万 千 百 十 元 角 分
			¥ 2 0 0 0 0 0 0 0

附 件	商品发运情况	合同名称号码
附寄单证张数或册数	已发	

备注：	本托收款项已由付款人开户行全额划回并收入你账户内。 收款人开户银行盖章 12 月 10 日	科目 _____ 对方称目 _____ 转账　　2012 年 12 月 10 日 单位主管　　　　会计 复核　　　　　　记账

付款人开户银行收到日期 2012 年 11 月 30 日，支付日期 2012 年 12 月 10 日

【凭44-1】

（武汉市税务局发票专用章）

武汉市商业零售统一发票
发 票 联

客户名称：东湖机械厂　　　2012 年 12 月 11 日　　　No. 1209567

货号	品名及规格	单位	数量	单价	超十万元无效	金　　额 万 千 百 十 元 角 分	2 报销凭证
	文件柜	个	5	500.00		¥ 2 5 0 0 0 0	
合计金额（大写）	零万贰仟伍佰零拾零元零角零分					¥ 2 5 0 0 0 0	
付款方式	转账支票			开户银行及账号		工行中心路办事处	

收款企业：（盖章有效）　　收款人：沈乐　　　　开票人：饶古

（武汉市文具商店财务专用章）

【凭 44-2】

中国工商银行
转账支票存根
30804230
90252055

附加信息
_____
_____
_____

出票日期：2012 年 12 月 11 日

收款人：	武汉市文具商店
金额：	2 500.00
用途：	购买文件柜

单位主管　　　　会计

【凭 44-3】（自制）

验 收 单

No. 12005

供货单位：_____
发票号码：1209567　　　　年　月　日　　　　收货仓库：材料库

商品类别	商品名称	数量	单价	金额	备注
	文件柜	5	500.00	2 500.00	

合计：人民币（大写）贰仟伍佰元整

质量检验：李的　　　　收料：张左　　　　制单：严峻

【凭 45-1】

武汉市事业单位统一收据

2012 年 12 月 11 日

交款单位　东湖机械厂_____

人民币（大写）　贰仟元整_____　　　　￥ 2 000.00

系　付　职工幼儿园经费_____

东湖机械厂职工幼儿园
财务专用章

现金	
支票	√
付委	

③ 记账联

收款单位（盖章有效）　　　财务　丁一　　　经手人　汪可

【凭45-2】

中国工商银行
转账支票存根
30804230
90252055

附加信息
_____
_____
_____

出票日期：2012 年 12 月　日

| 收款人：东湖机械厂职工幼儿园 |
| 金额：2 000.00 |
| 用途：职工幼儿园经费 |

单位主管　　　　　会计

【凭46】

武汉市餐饮企业统一发票
发 票 联

客户名称：东湖机械厂　　　　2012 年 12 月 11 日　　　　No.1200810

项目	服务内容	单位	数量	单价	超十万元无效	金额 万	千	百	十	元	角	分
业务招待	餐饮	桌	1	1 500.00		¥	1	5	0	0	0	0
	现金付讫											
合计金额（大写）						¥	1	5	0	0	0	0
付款方式	现金	开户银行及账号	工行中心路办事处									

收款企业（盖章有效）　　收款人：沈乐　　　开票人：绕古

武汉市汇文酒店财务专用章

2 报销凭证

【凭47】

长江证券中央登记结算公司

成交过户交割单　　　　2012年12月11日　　　　

经办单位：证券公司门市部　　　　客户签章：

武汉市税务局监制

股东编号	A0099	成交证券	普通股股票
电脑编号	Z0077	成交数量	4 000股
公司名称	天龙公司	成交价格	13元
申报编号	120107	成交金额	52 000元
申报时间	12月2日	佣　金	450元
成交时间	201212111420	过户费	
上次余额		印花税	50元
本次成交		应付金额	52 500元
本次余额		到期日期	
本次库存		到期金额	

【凭48-1】

产品出库单

用途：产品销售　　　　2012年12月11日　　　　凭证编号：051203

产成品库：一号

类别	编号	名称及规格	计量单位	数量	单位成本	总成本	
	001	甲产品	件	10	6 770	67 700	附注：分三期收款销售
合　计				10	6 770	67 700	

记账：李晓　　　　保管：右须　　　　检验：张必　　　　制单：李伟

【凭48-2】

中国工商银行进账单（回单或收账通知）

2012年12月11日

开户银行	工行中心路办事处	开户银行	工行成都市支行								
人民币（大写）	伍万捌仟伍佰元整	千	百	十	万	千	百	十	元	角	分
				¥	5	8	5	0	0	0	0
票据种类	转账支票	收款人开户银行盖章									
票据张数	1										
单位主管　　会计　　复核　　记账		中国工商银行中心路办事处 转讫									

【凭 48-3】

湖北省增值税专用发票
（此联不作报销、扣税凭证使用）

开票日期 2012 年 12 月 11 日　　　　　　　　　　　　　No. 00235211

购货单位	名　　称：大光设备厂 纳税人识别号：500086789 地址、电话：成都东山路，037-64823967 开户行及账号：工行成都市支行 88992211	密码区		第一联：记账联 销货方记账凭证

货物或应税劳务名称	规格型号	单位	数量	单价	金额	税率	税额
甲产品		件	10	15 000	150 000	17%	25 500
合　　计					150 000		25 500

价税合计（大写）	人民币壹拾柒万伍仟伍佰元整　（小写）175 500

销货单位	名　　称：东湖机械厂 纳税人识别号：420044444466666 地址、电话：武汉市武汉大道 128 号 开户行及账号：工行 128333333388888	备注

收款人：　　　复核：　　　开票人：　　　销货单位：(章) 东湖机械厂

【凭 49】

武汉市商业零售统一发票
发 票 联

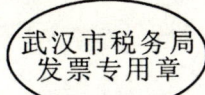
武汉市税务局 发票专用章

客户名称：东湖机械厂行政科　　　2012 年 12 月 11 日　　　No. 12066965

货　号	品名及规格	单位	数量	单价	超十万元无效	金额							
						万	千	百	十	元	角	分
	纸杯	个	1 000	0.5			¥	5	0	0	0	0
	礼品	件	5	200		¥	1	0	0	0	0	0
	现金付讫											
合计金额（大写）	零万壹仟伍佰零拾零元零角零分					¥	1	5	0	0	0	0
付款方式	现金	开户银行及账号	工行中心路办事处：128333333388888									

收款企业(盖章有效)　　　收款人：仝乐　　　开票人：汪古

武汉市百货商店 财务专用章

【凭50-1】

武汉市事业单位统一收据

2012 年 12 月 11 日

交款单位 东湖机械厂
人民币(大写) 肆仟捌佰元整　　　　　　　　　　￥ 4 800.00　　③
系　付 预付下一年度书报费　　　　　　　　　　　　　　　　　记

现 金	
支 票	√
付 委	

账
联

收款单位(盖章有效)　　　　财务 钱一　　经手人 昊城

武汉市邮政局
财务专用章

【凭50-2】

中国工商银行
转账支票存根
30804230
90252055

附加信息
_____
_____
_____

出票日期:2012 年 12 月 11 日

| 收款人:武汉市邮政局 |
| 金额:4 800.00 |
| 用途:下一年度书报费 |

单位主管　　　　会计

【凭51-1】

湖北省增值税专用发票
抵 扣 联

开票日期 2012 年 12 月 11 日　　　　　　　　　　　　　　　　　　　　No.00635215

购货单位	名　　称：东湖机械厂 纳税人识别号：420044444466666 地址、电话：武汉市武汉大道128号 　　　　　　027-88581678 开户行及账号：工行 128333333388888	密码区		
货物或应税劳务名称	规格型号	单位	数量	单价	金额	税率	税额

货物或应税劳务名称	规格型号	单位	数量	单价	金额	税率	税额
机床		台	1	150 000	150 000	17%	25 500
合　计					150 000		25 500

价税合计(大写)	人民币壹拾柒万伍仟伍佰元整　(小写)175 500

销货单位	名　　称：武汉钢铁公司 纳税人识别号：423434343535366 地址、电话：武汉中山大道246号，027-67468382 开户行及账号：工行 585960232323233	备注

收款人：　　　复核：　　　开票人：　　　销货单位:(章) 武汉钢铁公司

第二联：抵扣联　购货方扣税凭证

【凭51-2】

湖北省增值税专用发票
发 票 联

开票日期 2012 年 12 月 11 日　　　　　　　　　　　　　　　　　　　　No.00635215

购货单位	名　　称：东湖机械厂 纳税人识别号：420044444466666 地址、电话：武汉市武汉大道128号 　　　　　　027-88581678 开户行及账号：工行 128333333388888	密码区

货物或应税劳务名称	规格型号	单位	数量	单价	金额	税率	税额
机床		台	1	150 000	150 000	17%	25 500
合　计					150 000		25 500

价税合计(大写)	人民币壹拾柒万伍仟伍佰元整　(小写)175 000

销货单位	名　　称：武汉钢铁公司 纳税人识别号：423434343535366 地址、电话：武汉中山大道246号，027-67468382 开户行及账号：工行 585960232323233	备注

收款人：　　　复核：　　　开票人：　　　销货单位:(章) 武汉钢铁公司

第三联：发票联　购货方记账凭证

(说明:投入安装)

【凭52】

中国工商银行现金支票存根

支票号码 1013488
科　　目 _____
对方科目 _____
出票日期 2012 年 12 月 12 日

| 收款人：东湖机械厂 |
| 金额：2 000.00 |
| 用途：备用金 |

单位主管　　　　　会计

【凭53-1】

武汉市企业单位统一收据
2012 年 12 月 12 日

交款单位　　东湖机械厂
人民币(大写)　　贰仟伍佰元整　　　　　　　　¥ 2 500.00
系　　付　　机床安装费用

现金付讫

现　金	✓
支　票	
付　委	

③ 记账联

收款单位(盖章有效)　　财务　钱一　　经手人　昊城

三江机床厂
财务专用章

【凭53-2】

固定资产验收单
年　月　日

名称	单位	数量	价格	预计使用年限	使用部门
机床	台	1	150 000	15 年	基本生产车间
备注					

制单：　　　　　　　　　　　　　审核：

【凭 54-1】

固定资产出售调拨单

调出单位：东湖机械厂
调入单位：三江机床厂

2012 年 12 月 12 日

调拨单号：1201

调拨资产名称					有　　偿				
固定资产名称	规格及型号	单位	数量	预计使用年限	已使用年限	原值	已提折旧	净值	协商价格
机床	C620	台	1	10 年	4 年	80 000.00	38 400.00	41 600.00	45 000.00

调出单位		调入单位		备注：
公章： 财务： 经办：	(东湖机械厂)	公章： 财务： 经办：	(三江机床厂)	

会计主管：　　　　　　　　　稽核：　　　　　　　　　制单：

【凭 54-2】

武汉市企业单位统一收据

2012 年 12 月 12 日

交款单位　东湖机械厂
人民币（大写）　壹仟元整　　　　　　　　　　￥ 1 000.00
系　付　　机床清理费

③

	现金	✓
现金付讫	支票	
	付委	

记账联

收款单位（盖章有效）　　　　财务　钱冰　　　经手人　周城

东湖装卸厂
财务专用章

【凭 54-3】

中国工商银行进账单（回单或收账通知）

2012 年 12 月 12 日

<table>
<tr><td rowspan="3">收款人</td><td>全　　称</td><td>东湖机械厂</td><td rowspan="3">付款人</td><td>全　　称</td><td colspan="9">三江机床厂</td></tr>
<tr><td>账号或地址</td><td>128333333388888</td><td>账号或地址</td><td colspan="9">0516—222—111</td></tr>
<tr><td>开户银行</td><td>工行中心路办事处</td><td>开户银行</td><td colspan="9">工行三江市广州路办事处</td></tr>
<tr><td colspan="3" rowspan="2">人民币
（大写）　　肆万伍仟元整</td><td colspan="10">千 百 十 万 千 百 十 元 角 分</td></tr>
<tr><td colspan="10">　　　　￥ 4 5 0 0 0 0 0</td></tr>
<tr><td colspan="3">票据种类</td><td>转账支票</td><td colspan="10" rowspan="2">收款人开户银行盖章

中国工商银行
中心路办事处
转讫</td></tr>
<tr><td colspan="3">票据张数</td><td>1</td></tr>
<tr><td colspan="4">单位主管　　　会计　　　复核　　　记账</td><td colspan="10"></td></tr>
</table>

【凭 55-1】

领　料　单

领料部门　厂部办公室　　　　2012 年 12 月 12 日　　　　发料仓库　材料库

材料类别	名称及规格	计量单位	数量 请领	数量 实领	实际单价	金额	用途
	文件柜	个	2	2	500.00	1 000.00	办公用
合　计			2	2	500.00	1 000.00	

记账联

【凭 55-2】

领　料　单

领料部门　财务科　　　　2012 年 12 月 12 日　　　　发料仓库　材料库

材料类别	名称及规格	计量单位	数量 请领	数量 实领	实际单价	金额	用途
	文件柜	个	2	2	500.00	1 000.00	办公用
合　计			2	2	500.00	1 000.00	

记账联

【凭55-3】

领 料 单

2012 年 12 月 12 日

领料部门 销售科　　　　　　　　　　　　　　　　　　发料仓库 材料库
仓库主管：陈青　　　发料人：陈直　　　　　　　　　　　领料人：王炎

材料类别	名称及规格	计量单位	数量		实际单价	金额	用途	
			请领	实领				
	文件柜	个	1	1	500.00	500.00	办公用	记账联
	合　计		1	1	500.00	500.00		

（文件柜采用五五摊销法）

【凭56】

湖北省增值税专用发票

（此联不作报销、扣税凭证使用）

开票日期 2012 年 12 月 8 日　　　　　　　　　　　　　　　　　　No.00235208

购货单位	名　　称：宏达机床厂 纳税人识别号：400444111 地址、电话：东原市友谊路18号 　　　　　　022767843214 开户行及账号：工行东原市支行0077788				密码区			第一联：记账联　销货方记账凭证
货物或应税劳务名称	规格型号	单位	数量	单价	金额	税率	税额	
甲产品		件	10	15 000	150 000	17%	25 500	
乙产品		件	10	8 000	80 000		1 360	
合　　计					230 000		26 860	
价税合计（大写）	人民币贰拾伍万陆仟捌佰陆拾元整　（小写）256 860							
销货单位	名　　称：东湖机械厂 纳税人识别号：420044444466666 地址、电话：武汉市武汉大道128号 开户行及账号：工行128333333388888				备注			

收款人：　　　复核：　　　　开票人：　　　　销货单位：（章）东湖机械厂

【凭57】

长江证券中央登记结算公司

成交过户交割单　　　　2012 年 12 月 11 日　　　　　　　　　　（买）

股东编号	B111111	成交证券	梅林股份
电脑编号	12345	成交数量	10 000 股
公司名称	东湖机械厂	成交价格	8 元（其中含有已宣告发放但尚未支付的股利 0.5 元,准备于本月 23 日发放）
申报编号	120110	成交金额	80 000 元
申报时间	12 月 12 日	佣　金	750 元
成交时间	201212191420	过户费	
上次余额	0	印花税	
本次成交	10 000	应付金额	80 750 元
本次余额	10 000	到期日期	
本次库存	10 000	到期金额	

③通知联

【凭58-1】

增值税专用发票
发 票 联

开票日期:2012 年 12 月 12 日

购货单位	名　称	东湖机械厂	纳税人登记号	3703088
	地址、电话	武汉市武汉大道 128 号 027-88581678	开户银行及账号	工行中心路办事处 128333333388888

商品或劳务名称	计量单位	数量	单价	金　额 百十万千百十元角分	税率（%）	税　额 百十万千百十元角分
加工费	个	30	100	3 0 0 0 0 0	17	5 1 0 0 0
合　计				3 0 0 0 0 0		5 1 0 0 0

价税合计(大写)　零拾零万叁仟伍佰壹拾零元零角零分　（小写）3 510.00

销货单位	名　称	万嘉木器加工厂	纳税人登记号	3111111
	地址、电话	武汉市江夏大道 027-8888885	开户银行及账号	工行江夏办事处 543232323266666

收款人：林组一　　　　　　　开票单位(未盖章无效)　　　（万嘉木器加工厂 发票专用章）

第二联：发票联　购货方记账凭证

【凭 58-2】

中国工商银行
转账支票存根
30804230
90252055

附加信息
_____
_____
_____

出票日期：2012 年 12 月 12 日

| 收款人：万嘉木器加工厂 |
| 金额：3 510.00 |
| 用途：支付加工费 |

单位主管　　　　会计

【凭 58-3】

委托加工材料收料单　　　　No.051203

加工单位_____
加工合同_____　　　　年　月　日　　　　收料仓库_____

材料类别	名称及规格	计量单位	实收数量	计划单价	金　额

记账联

质量检验：　　　　仓库验收：　　　　仓库保管：

【凭59】

中国工商银行进账单（回单或收账通知）

2012 年 12 月 12 日

收款人	全 称	东湖机械厂	付款人	全 称	东钢不锈股份
	账号或地址	618568		账号或地址	00770011
	开户银行	长江证券公司办事处		开户银行	工行春光路办事处

人民币（大写）：叁佰元整	千	百	十	万	千	百	十	元	角	分
					¥	3	0	0	0	0

票据种类	转账支票
票据张数	1

收款人开户银行盖章

中国工商银行
证券公司办事处
转讫

单位主管　　会计　　复核　　记账

【凭60-1】

武汉市企业单位统一收据

2012 年 12 月 12 日

交款单位　东湖机械厂
人民币（大写）　壹万贰仟元整　　　　　　　　¥ 12 000.00
系　付　产品广告费

	现金	
	支票	√
	付委	

③ 记账联

收款单位（盖章有效）　　财务　林冰　　经手人　祁红

武汉市广告公
司财务专用章

【凭 60-2】

中国工商银行
转账支票存根
30804230
90252055

附加信息
_____
_____
_____

出票日期：2012 年 12 月 12 日

收款人：武汉市广告公司

金额：12 000.00

用途：产品广告费

单位主管　　　会计

【凭 61-1】（自制）

贴 现 凭 证（收账通知）④

2 ⅪⅣ

贴现汇票	种类		号码		申请人	全称	
	发票日		年 月 日			账号	
	到期日		年 月 日			开户银行	

汇票承兑人（或银行）	名称		账号		开户银行	

汇票金额（即贴库存现金额）	人民币（大写）			千百十万千百十元角分

贴现率	4.8%	贴现利息	十万千百十元角分	实付贴现金额	千百十万千百十元角分

上述款项已转入你单位账户。
此致

备注：

中国工商银行
中心路办事处
转讫

银行盖章
2012 年 12 月 12 日

此联为银行给贴现申请人的收账通知

【凭 61-2】

商业承兑汇票

签发日期：贰零壹贰年拾月拾贰日

付款人	全　称	太湖市物资贸易公司	收款人	全　称	东湖机械厂
	账　号	00993456		账　号	888999
	开户银行	工行新民办　行号		开户银行	工行中心路办　行号

汇票金额	人民币（大写） 捌万元整	千百十万千百十元角分 ¥ 8 0 0 0 0 0 0 0
汇票到期日	贰零壹叁年零壹月拾贰日	交易合同号码　0501012

备注：
本汇票已经本单位承兑，到期日无条件支付票据款。此致
付款人

注：票面利率6%。

（太湖市物资贸易公司财务专用章）

付款人盖章

负责　　经办

此联为收款人向签发人承兑

【凭 62-1】

湖北省增值税专用发票
（此联不作报销、扣税凭证使用）

开票日期 2012 年 12 月 12 日　　　　　　　　　　No. 00235208

购货单位	名　　称：大宇公司
	纳税人识别号：4004444111
	地址、电话：东原三江路42号，021-84986937
	开户行及账号：工行东原市支行 0077788

密码区

货物或应税劳务名称	规格型号	单位	数量	单价	金额	税率	税额
乙产品		件	10	8 000	80 000	17%	13 600
合　计					80 000		13 600

价税合计（大写）	人民币玖万叁仟陆佰元整　（小写）93 600

销货单位	名　　称：东湖机械厂	备注
	纳税人识别号：420044444466666	
	地址、电话：武汉市武汉大道128号	
	开户行及账号：工行 128333333388888	

收款人：　　复核：　　开票人：　　销货单位：（章）东湖机械厂

第一联：记账联　销货方记账凭证

【凭62-2】（自制）

汇款人	全 称	大宇公司	收款人	全 称	东湖机械厂
	账 号			账 号	
	汇出地	省东原市		汇入地	省武汉市

金额	人民币（大写）：玖万叁仟陆佰元整	￥ 93 600.00

汇款用途：	留行待取预留 收款人印鉴

上列款项已代进账，如有错误，请持此联来面洽。 中国工商银行 中心路办事处	上列款项已照收无误。 东湖机械厂 财务专用章	科目（借） 对方科目（贷）
汇入行盖章 年 月 日	收款人盖章 年 月 日	汇入行解汇日期 年 月 日 复核　　记账　　出纳

【凭63】

武汉市企业单位统一收据
2012 年 12 月 13 日

交款单位　李清江_____

人民币（大写）　壹佰元整_____　￥ 100.00

系　付　违章操作罚款_____

现金	✓
支票	
付委	

③ 记账联

收款单位（盖章有效）　　财务　杨为　　　经手人　赵可

东湖机械厂
财务专用章

【凭64】

第 1 号

㊵ 中国工商银行**托收承付凭证**(收账通知)

托收号码：12001

承付期限
到期 2012 年 12 月 12 日

委托日期：2012 年 12 月 2 日

付款人	全 称	武汉物贸公司	收款人	全 称	东湖机械厂
	账号或地址	0055555		账 号	128333333388888
	开户银行	交行民生路办事处		开户银行	工行中心路办事处

托收金额	人民币（大写）：	壹拾柒万柒仟元整	千	百	十	万	千	百	十	元	角	分
					¥1	7	7	0	0	0	0	0

附 件	商品发运情况	合同名称号码
附寄单证张数或册数	3 张	DX0835

备 注：	付款人注意：
中国工商银行中心路办事处 转讫	1. 根据结算办法规定，上列托收款项在承付期限内未拒付时，即视同全部承付，如系全额支付即以此联代支款通知；如遇延付或部分支付时，再由银行另送延付或部分支付的支款通知。 2. 如需提前承付或多承付时，应另写书面通知送银行办理。 3. 如系全部或部分拒付，应在承付期限内另填拒绝承付理由书送银行办理。

单位主管　　会计　　复核　　记账　　付款人开户银行盖章　　交通银行民生路办事处付讫

【凭65-1】

湖北省增值税专用发票
（此联不作报销、扣税凭证使用）

开票日期 2012 年 12 月 13 日　　　　　　　　　　　　　　　　No.00235208

购货单位	名　　　称：清徐冶炼厂 纳税人识别号：40044411890 地址、电话：武汉市海天路 开户行及账号：工行海天路办事处 222777	密码区	

货物或应税劳务名称	规格型号	单位	数量	单价	金额	税率	税额
焦炭		件	10	800	8 000	17%	1 360
合　　计					8 000		1 360

价税合计（大写）	人民币玖仟叁百陆拾元整　（小写）9 360.00

销货单位	名　　　称：东湖机械厂 纳税人识别号：420044444466666 地址、电话：武汉市武汉大道 128 号 开户行及账号：工行 128333333388888	备注	

收款人：　　　　复核：　　　　开票人：　　　　销货单位：(章) 东湖机械厂

第一联：记账联　销货方记账凭证

【凭65-2】

出　库　单

领料部门　销售科　　　　　2012 年 12 月 13 日　　　　　发料仓库　材料库

| 材料类别 | 名称及规格 | 计量单位 | 数量 | | 计划单价 | 金额 | 用途 |
			请领	实领			
	焦炭	吨	10	10	600	6 000	销售
合　　计			10	10	600	6 000	

记账联

【凭65-3】

武汉市联运公司
发票联

No.05500

单位名称：清徐冶炼厂　　2012 年 12 月 13 日　　托运单编号：1213

货物名称	计费重量	费用项目	单价	金　　额						
				万	千	百	十	元	角	分
焦炭	10 吨	运输费	20	¥	2	0	0	0	0	
合　计	(大写) ×万×仟贰佰零拾零元零角零分			¥	2	0	0	0	0	

复核：　　　　制单：张娟　　　　盖章：太湖市联运公司财务专用章

【凭65-4】

原材料成本差异率计算表
2012 年 12 月 13 日

项　目	计量单位	数量	计划单价	计划金额	月初成本差异率	应调整成本差异额
焦炭	吨	10		600		
合　计						

复核：　　　　　　　　制表：

【凭 65-5】

| 委邮 |

中国工商银行委托收款凭证（回单）

托收日期：2012 年 12 月 13 日
承付日期：2012 年 12 月 23 日

付款人	全 称	清徐冶炼厂	收款人	全 称	东湖机械厂
	账号或地址	222777		账号或地址	128333333388888
	开户银行	工行海天路办事处		开户银行	中心路办事处

托收金额	人民币（大写）	玖仟伍佰陆拾元整	千	百	十	万	千	百	十	元	角	分
						¥	9	5	6	0	0	0

备 注：	中国工商银行中心路办事处转讫	上列款项已由收款人开户银行向付款人开户银行办理托收。此致！收款人（收款人开户行盖章） 月 日	科目： 对方科目： 转账日期： 年 月 日 单位主管： 会计： 复核： 记账：

【凭 66】

第 23 号

| 邮 |

中国工商银行托收承付凭证 收款通知

托收号码：12007

委托日期：2012 年 12 月 8 日

| 承付期限 |
| 到期 2012 年 12 月 18 日 |

付款人	全 称	光明机械厂	收款人	全 称	东湖机械厂
	账号或地址	0077788		账 号	128333333388888
	开户银行	工行东原市支行		开户银行	工行中心路办事处

托收金额	人民币（大写） 陆拾贰万柒仟元整	千	百	十	万	千	百	十	元	角	分
			¥	6	2	7	0	0	0	0	0

附 件	商品发运情况	合同名称号码
附寄单证张数或册数	3 张	12007

备 注： 中国工商银行 中心路办事处 转讫	付款人注意： 1. 根据结算办法规定，上列托收款项在承付期限内未拒付时，即视同全部承付，如系全额支付即以此联代支款通知；如遇延付或部分支付时，再由银行另送延付或部分支付的支款通知。 2. 如需提前承付或多承付时，应另写书面通知送银行办理。 3. 如系全部或部分拒付，应在承付期限内另填拒绝承付理由书送银行办理。

单位主管　　会计　　复核　　记账　　付款人开户银行盖章　　| 工行东原支行 转讫 |

【凭 67-1】

湖北省增值税专用发票
（此联不作报销凭证、扣税凭证使用）

开票日期　2012 年 12 月 14 日

购货单位	名　称	华光设备厂			纳税人登记号								842593841398								
	地址、电话	长春道 30 号 030-64367842			开户银行及账号								工商银行长春道办事处 862514								
商品或劳务名称	单位	数量	单价	金　额									税率(%)	税　额								
				千	百	十	万	千	百	十	元	角	分		千	百	十	万	千	百	十	元	角	分
甲产品	件	15	15 000			2	2	5	0	0	0	0	0	17				3	8	2	5	0	0	0
价税合计(大写)		⊗仟⊗佰贰拾陆万叁仟贰佰伍拾元												￥263 250.00									
销货单位	名　称	东湖机械厂			纳税人登记号								128333333388888								
	地址、电话	武汉市武汉大道 128 号 027-88581678			开户银行及账号								工行中心路办事处								

收款人：王娟　　　　　　　　　　　　开票单位（未盖章无效）东湖机械厂

第一联：记账联　售货方记账凭证

【凭 67-2】

商业承兑汇票　2

签发日期 2012 年 12 月 14 日　　　　　　汇票号码
　　　　　　　　　　　　　　　　　　　　第 24 号

付款人	全　称	华光设备厂		收款人	全　称	东湖机械厂	
	账　号	862514			账　号	128333333388888	
	开户银行	工行长春道办事处	行号		开户银行	工行中心路办事处	行号
出票金额		贰拾陆万叁仟贰佰伍拾元		百 十 万 千 百 十 元 角 分			
				2 6 3 2 5 0 0 0			
汇票到期日		20130614	交易合同号码				
备注							

此联出票人存查

【凭 68】

东湖机械厂设备报废申请单
2012 年 12 月 15 日

设备名称	C620 车床	预计使用年限	10	已使用年限	9
设备编号	A010	原值(元)	50 000	已提折旧(元)	45 000
使用部门	生产车间	折余价值(元)	5 000	预计残值(元)	1 000
报废原因	不需用	技术部门意见		机器设备陈旧,影响产品质量,建议报废。 吴花	
报废处理建议	送废品公司回收	设备部门意见		同意报废。 张海	
企业领导意见	同意。 王伟	报废日期		2012 年 12 月 15 日	

经办部门:设备科　　经办人:李海

【凭 69-1】

武汉市废品公司
收购凭单

单位地址:任钱路 216 号
税务登记号:3712345
工商登记号:7654321　　　　2012 年 12 月 15 日　　　　No. 1111112

收购货物名称	计量单位	数量	单价	金额 万	千	百	十	元	角	分
废钢铁	千克	1 000	1.0	¥	1	0	0	0	0	0
合计金额(大写)	壹仟零佰零拾零元零角零分			¥	1	0	0	0	0	0

收款企业(盖章有效) 武汉市废品公司 财务专用章　　财务:　　开票人:刘美

【凭 69-2】

武汉市企业单位统一收据
2012 年 12 月 15 日

交款单位　东湖机械厂
人民币(大写)　伍佰元整　　　　　　　　　　　￥ 500.00
系　　付　机床搬运费

③

现金	
支票	√
付委	

记账联

收款单位(盖章有效)　财务_____　经手人_____

东湖搬运公司
财务专用章

【凭 69-3】

中国工商银行转账支票存根

支票号码　001223
科　目
对方科目
签发日期　　　　年　月　日

收款人：东湖搬运公司
金额：500
用途：
备注：清理费

单位主管　　　　会计
复　核　　　　　记账

【凭 69-4】

中国工商银行进账单(回单或收账通知)

收款人	全称	东湖机械厂	付款人	全称	武汉市废品公司
	账号或地址	128333333388888		账号或地址	7654321
	开户银行	工行中心路办事处		开户银行	工行任钱路办事处

人民币(大写)	壹仟元整	千	百	十	万	千	百	十	元	角	分
					￥	1	0	0	0	0	0

票据种类	
票据张数	

收款人开户银行盖章：

中国工商银行
中心路办事处
转讫

单位主管　　　会计　　　复核　　　记账

【凭 70】

中国工商银行中心路办事行（处）贷款利息凭证
2012 年 12 月 17 日

收款单位	账 号	261	付款单位	128333333388888
	户 名	营业收入		东湖机械厂
	开户银行	工行中心路办事处		工行中心路办事处
积数：2 400 000	利率：11.19%		利息 74 600.00	

____户第四季度利息

科目_____
对方科目_____
复核员：　　　　记账号：

付款凭证

【凭 71-1】

产 品 出 库 单
2012 年 12 月 18 日

用途：对外投资　　　　　　　　　　　　　　　　凭证编号：051218
　　　　　　　　　　　　　　　　　　　　　　　产成品库：一号

类别	编号	名称及规格	计量单位	数量	单位成本	总成本	附注：
	001	乙产品	件	10	2 030	20 300	评估确认按成本价投资
		合　计		10	2 030	20 300	

记账：李晓　　　　保管：右须　　　　检验：张必　　　　制单：李伟

【凭 71-2】

投 资 协 议 书
2012 年 12 月 18 日

投资单位	东湖机械厂（甲方）	接受单位	华兴公司（乙方）
账号或地址	128333333388888	账号或地址	9987456
开户银行	工行中心路办事处	开户银行	工行人民路办事处
投资金额	人民币(大写)：玖万叁仟陆佰元整		

协议条款	经双方友好协商达成如下协议： 1. 投资期限 5 年。 2. 在投资期限内甲方不得收回投资。 3. 在投资期限内乙方保证甲方投资保值和增值。 4. 在投资期限内乙方应按利润分配规定支付甲方利润。 5. 未尽事宜另行商定。 甲方代表签字：王伟　　　　　　乙方代表签字：谈国平

— 151 —

【凭 71-3】

湖北省增值税专用发票
（此联不作报销、扣税凭证使用）

开票日期 2012 年 12 月 18 日   No.00235208

购货单位	名　　称：华兴公司					密码区			第一联：记账联 销货方记账凭证
	纳税人识别号：400444555511								
	地址、电话：武汉市人民路,027-88581678								
	开户行及账号：工行人民路办事处 9987456								
货物或应税劳务名称	规格型号	单位	数量	单价	金额	税率	税额	
乙产品		件	10	2 030	20 300	17%	3 451	
合　　计					20 300		3 451	
价税合计（大写）人民币贰万叁仟柒佰伍拾壹元整　　（小写）23 751								
销货单位	名　　称：东湖机械厂					备注		
	纳税人识别号：420044444466666							
	地址、电话：武汉市武汉大道 128 号,027-88581678							
	开户行及账号：工行 128333333388888							

收款人：　　　　复核：　　　　开票人：　　　　销货单位：（章）东湖机械厂

【凭 72】

中国工商银行进账单（回单或收账通知）

2012 年 12 月 23 日

收款人	全　称	东湖机械厂	付款人	全　称	梅林股份
	账号或地址	128333333388888		账号或地址	618168
	开户银行	工行中心路办事处		开户银行	工行证券公司办事处
人民币（大写）	伍仟元整		千 百 十 万 千 百 十 元 角 分		
			¥ 5 0 0 0 0 0		
票据种类	转账支票		收款人开户银行盖章 中国工商银行 证券公司办事处 转讫		
票据张数	1				
单位主管　　会计　　复核　　记账					

【凭73-1】

```
中国工商银行
转账支票存根
30804230
90252064

附加信息
_____
_____

出票日期：2012 年 12 月 18 日

收款人：武汉联想
金额：18 720.00
用途：固定资产

单位主管      会计
```

【凭73-2】

湖北省增值税专用发票
抵 扣 联

开票日期 2012 年 12 月 18 日   No.00235201

购货单位	名　　　称：东湖机械厂 纳税人识别号：420044444466666 地址、电话：武汉市武汉大道128号 开户行及账号：工行 128333333388888					密码区		
货物或应税劳务名称	规格型号	单位	数量	单价	金额	税率	税额
电脑		台	4	4 000	16 000.00	17%	2 720.00
合　　计					16 000.00		2 720.00

价税合计（大写）人民币壹万捌仟柒佰贰拾元整   （小写）18 720.00

销货单位	名　　　称：武汉联想 纳税人识别号：421231232525256 地址、电话：武汉紫阳大道148号,027-89868526 开户行及账号：工行 128986858585234	备注	

收款人：　　　　复核：　　　　开票人：　　　　销货单位：（章）武汉联想

第二联：抵扣联　购货方扣税凭证

【凭73-3】

湖北省增值税专用发票
发 票 联

开票日期 2012 年 12 月 10 日　　　　　　　　　　　　　　　　　　　No.00235201

购货单位	名　　　　称：东湖机械厂 纳税人识别号：420044444466666 地址、电话：武汉市武汉大道128号 开户行及账号：工行 12833333388888	密码区		
货物或应税劳务名称	规格型号	单位	数量	单价	金额	税率	税额

货物或应税劳务名称	规格型号	单位	数量	单价	金额	税率	税额
电脑		台	4	4 000	16 000.00	17%	2 720.00
合　　计					16 000.00		2 720.00

价税合计（大写）人民币壹万捌仟柒佰贰拾元整　　（小写）18 720.00

销货单位	名　　　　称：武汉联想 纳税人识别号：421231232525256 地址、电话：武汉紫阳大道148号,027-89868526 开户行及账号：工行 128986858585234	备注

收款人：　　　　　复核：　　　　　开票人：　　　　　销货单位：(章) 武汉联想

第三联：发票联　购货方记账凭证

【凭73-4】

固定资产移交生产验收单

保管使用部门　　　　　　2012 年 12 月 18 日

固定资产编号	固定资产名称	规格型号	计量单位	数量	原值	预计使用年限	制造厂商或施工方式
	电脑		台	4	16 000.00	3 年	联想集团
固定资产管理部门意见			财会部门验收意见		使用保管验收签章		

固定资产管理部门负责人：　　　　　项目负责人：　　　　　制单：

【凭 74-1】

湖北省增值税专用发票
（此联不作报销、扣税凭证使用）

开票日期 2012 年 12 月 20 日

购货单位	名 称	北方贸易公司			纳税人登记号								625114621043							
	地址、电话	黄河大道227号 018-46929394			开户银行及账号								工行黄道办事处,86015							

商品或劳务名称	单位	数量	单价	金 额									税率 (%)	税 额							
				千	百	十	万	千	百	十	元	角	分		千	百	十	万	千	百	十	元	角	分
甲产品	件	20	15 000		3	0	0	0	0	0	0	0	0	17			¥	5	1	0	0	0	0	0

价税合计	⊗仟叁拾伍万壹仟零佰零拾零元零分	¥351 000.00

销货单位	名 称	东湖机械厂	纳税人登记号	420044444466666
	地址、电话	武汉市武汉大道128号	开户银行及账号	工行中心路办事处128333333388888

收款人：王娟　　　　　　　　　　　开票单位（未盖章无效）│东湖机械厂│

【凭 74-2】

```
中国工商银行      （鄂）
转账支票存根
Ⅸ Ⅱ  00770128
科    目_____
双方科目_____
出票日期 2012 年 12 月 20 日

收款人：临汾铁路局
金额：500.00
用途：运费

单位主管        会计
```

【凭 74-3】

货　票

计划号码或运输号码　　市铁路　丙联　承运及收款凭证：发站—托运人

发站	武汉	到站（）	临汾	车种车号		火车		货车标重		承运人/托运人装车	
经由			货物运到期限	施封号码或铁路局号码							
运价里程	300千米		集装箱箱型	保价金额		351 000.00		现付费用			
								费别	金额	费别	金额
托运人名称			东湖机械厂					运费	500.00		
收运人名称及地址			北方贸易公司								
货物品名	品名代码	件数	货物重量	计费重量		运价号		运价率			
甲产品		20									
合计											
集装箱号码											
记事								合计	500.00		
发运站											

【凭 74-4】

中国工商银行转账支票（鄂）　　临汾　Ⅸ Ⅱ 00770128

出票日期（大写）贰零壹贰年壹拾贰月贰拾日　　付款人名称：东湖机械厂

收款人：临汾铁路局　　出票人账号：86015

本支票付款期限十天

人民币（大写）	伍佰元整	亿	千	百	十	千	百	十	元	角	分
						¥ 5	0	0	0	0	0

用途　运费　　　　　　　科目（借）
上列款项请从　　　　　　对方科目（贷）
我账户内支付　　　　　　转账日期　年　月　日
出票人签章　　　　　　　复核　　记账

【凭74-5】

中国工商银行进账单（收账通知） 3

2012 年 12 月 20 日　　　　　　　　　　　　　　　　　第 006 号

付款人	全　称	北方贸易公司	收款人	全　称	东湖机械厂
	账　号	4283968452		账　号	128333333388888
	开户银行	工商银行黄道办事处 86015		开户银行	工行中心路办事处

人民币（大写）	叁拾伍万壹仟零佰零拾零元零角零分	千	百	十	万	千	百	十	元	角	分
票据种类	银行汇票		¥	3	5	1	0	0	0	0	0
票据张数											
单位主管　　会计　　复核　　记账		收款人开户银行盖章									

【凭74-6】

中国工商银行

银行汇票（解讫通知） 3

汇票号码 007

第 4 号

付款期限 壹个月

出票日期（大写）　　年　月　日

代理付款行：	行号：

收款人：东湖机械厂

出票金额人民币（大写）叁拾伍万壹仟零佰零拾零元零角零分

实际结算金额人民币（大写）	千	百	十	万	千	百	十	元	角	分
			¥	3	5	1	0	0	0	0	0

申请人：
账号或地址：北方贸易公司
出票行：工商银行黄道办事处
行号：_____
备注：_____

多余金额	千 百 十 万 千 百 十 元 角 分

科目（贷）：_____
对方科目（借）：_____
转账日期　　年　月　日
复核　　　　　记账

代理付款行盖章
复核　　　　　经办

此联代理付款行兑付后随报单寄出票行，由出票行作多余款贷方凭证

【凭75-1】

武汉市律师业务收费专用收据

账号

委托人　东湖机械厂

收款日期：2012 年 12 月 21 日　　　　　　　　　　　　　　　No. 0109820

卷宗编号：　年并　字第　号 收费内容：2012 年 12 月顾问费 收费标准：每月 500 元	备注								
		百	十	万	千	百	十	元	角	分
金额（大写）伍佰元整					¥	5	0	0	0	0

收　　费　　　武汉市第一律师事务所　　　收费单位（盖章有效）　陈江
收款人（签章）　　　收　款　章

【凭75-2】

中国工商银行转账支票存根

支票号码 1013491

科　　目 _____

对方科目 _____

出票日期 2012 年 12 月 21 日

收款人：武汉市第一律师事务所南方公司

金额：500.00

用途：2012 年 12 月份律师顾问费

单位主管　　　　　会计

【凭76-1】

中华人民共和国 税 收 缴 款 书

(97)汉国缴　00307915号
征收机关：地税东湖分局
地

隶属关系：
经济类型：　　　　　　　填发日期：2012年12月22日

缴款单位（人）	代码		预算科目	款	城乡维护建设费
	全称	东湖机械厂		项	城乡维护建设税
	开户银行	工行中心路办事处		级次	市级　税票号：00307915
	账号	128333333388888	收款国库		东湖国库

税款所属时期 2012年12月04日　　　税款限缴日期 2012年12月9日

品目名称	课税数量	计税金额销售收入	税率或单位税额	应缴税额	已缴或扣除额	实缴金额									
						千	百	十	万	千	百	十	元	角	分
城乡维护建设税			0.5%	45 600		¥		4	5	6	0	0	0	0	0
税款小计						¥		4	5	6	0	0	0	0	0
教育费附加															
堤防费															
教育基金						¥			4	2	0	0	0	0	0
社会养老保险基金															
滞纳金	逾期　天，每天按税款合计加收　%														
滞纳金	逾期　天，每天按税款合计加收　%														
金额合计(大写)人民币肆万玖仟捌佰零元零角零分						¥		4	9	8	0	0	0	0	0

缴款单位（人）（盖章）经办人（章）	填票人：陈艳宇 何爱蓉	上列款项已改妥并划转收款单位账户 国库(银行)盖章 2012年12月22日	备注 一般正常税收

【凭76-2】

中华人民共和国
税 收 缴 款 书

(97)汉国缴　0078308 号

征收机关：国税东湖分局

国

隶属关系：

经济类型：　　　　　填发日期：2012 年 12 月 22 日

缴款单位（人）	代码		预算科目	款	增值税
	全称	东湖机械厂		项	国有企业增值税
	开户银行	工行中心路办事处		级次	中央与市共享
	账号	128333333388888	收款国库		东湖国库

税款所属时期 2012 年 11 月 01 日　　税款限缴日期 2012 年 12 月 25 日

品目名称	课税数量	计税金额销售收入	税率或单位税额	应缴税额	已缴或扣除额	实缴金额								
							千	百	十	万	千	百	十	元	角	分
增值税			17%	140 600		¥		1	4	0	6	0	0	0	0
税款小计						¥		1	4	0	6	0	0	0	0
滞纳金	逾期　　天,每天按税款合计加收　　%															
金额合计(大写)人民币壹拾肆万零陆佰零拾零元零角零分						¥		1	4	0	6	0	0	0	0
缴款单位（人）(盖章) 经办人(章)	填票人：	上列款项已改妥并划转收款单位账户 国库(银行)盖章　年　月　日				备注										

逾期不缴按税法规定加收滞纳金

【凭77】

收　据

No. 102

2012 年 12 月 23 日

现金收讫

今收到　财务科_____

人民币(大写)壹佰壹拾贰元整　　　¥112.00

系付代扣伙食费_____

单位盖章 职工食堂　　　会计　　　出纳　　　经手人

169

【凭 78-1】

综合奖金结算汇总表

2012 年 12 月 23 日   单位：元

车间或部门	金　额	备　注
基本生产车间	6 725.00	
机修车间	250.00	
供气车间	215.00	
厂部管理机构	920.00	
销售机构	150.00	
合　计	8 260.00	

【凭 78-2】

工资支付专用凭证（第三联：单位留底）

编号：176528

账号：008768

收款单位（或收款人）名称：	东湖机械厂	开户银行	工行中心路办事处							
支付金额	人民币（大写）捌仟贰佰陆拾元整			十万	万	千	百	十	元	角	分
				¥	8	2	6	0	0	0
工资所属月份＿＿本次职工人数＿＿人 1. 标准工资（基本工资）＿＿元 2. 附加工资＿＿元 3. 粮食补助＿＿元 4. 副食品价格补贴＿＿元 5. 奖金 8 260 元 6. 国家规定的津贴＿＿元 7. 本次领取的计划内临时工＿＿人＿＿元		备　注								

【凭79-1】

湖北省增值税专用发票
（此联不作报销、扣税凭证使用）

开票日期 2012 年 12 月 24 日

购货单位	名　称	红星公司	纳税人登记号	862514108646
	地址、电话	黄石大街 28 号	开户银行及账号	工行华美办事处 184005

商品或劳务名称	计量单位	数量	单价	金　额 千百十万千百十元角分	税率（%）	税　额 千百十万千百十元角分
乙产品	件	30	8 000	￥2 4 0 0 0 0 0 0	17	￥4 0 8 0 0 0 0

价税合计（大写）	人民币 贰拾捌万零仟捌佰零拾零元零角零分	￥280 800.00

销货单位	名　称	东湖机械厂	纳税人登记号	
	地址、电话	武汉市武汉大道 128 号	开户银行及账号	工行中心路办事处 128333333388888

收款人：王娟　　　　　　　　　　　　　　　开票单位（未盖章无效） 东湖机械厂

【凭79-2】

中国工商银行进账单（收账通知） 3

2012 年 12 月 24 日　　　　　　　　　　　　　　　　第 010 号

付款人	全　称	红星公司	收款人	全　称	东湖机械厂
	账　号	184005		账　号	128333333388888
	开户银行	工行华美办事处		开户银行	工行中心路办事处

人民币（大写）	人民币 贰拾捌万零仟捌佰零拾零元零角零分	千百十万千百十元角分
票据种类		￥2 8 0 8 0 0 0 0
票据张数		

单位主管　　　会计　　　复核　　　记账　　　　　　收款人开户银行盖章

【凭79-3】

领 料 单

领料部门：销售科　　开票日期 2012 年 12 月 24 日　　　　　　　字第 056 号

材料编号	材料名称	规格	单位	请领数量	实发数量	计划价格	
						单价	金额
	包装箱		个	30	30	295.00	8 850
用途	随商品销售	领料部门			发料部门		
		负责人	领料人		核准人	发料人	
		李明			王洋	陈青	

② 仓库记账后转财会科

【凭80-1】

湖北省增值税专用发票
（此联不作报销、扣税凭证使用）

开票日期 2012 年 12 月 25 日　　　　　　　　　　　　　　No.0833050

购货单位	名称	机床附件厂			纳税人登记号			No.4563004001243											
	地址或电话	上马街257号			开户银行及账号			工行工安办事处 281150											
商品或劳务名称		计量单位	数量	单价	金 额								税率(%)	税 额							
					千	百	十	万	千	百	十	元	角	分		千	百	十	万	千	百	十	元	角	分
圆钢		吨	3	3 420.00				¥1	0	2	6	0	0	0	17				¥1	7	4	4	2	0
合计																									
价税合计（大写）		⊗仟⊗佰⊗拾壹万贰仟零佰零拾肆元贰角零分														¥12 004.20									
销货单位	名称	东湖机械厂			纳税人登记号																				
	地址、电话	武汉市武汉大道128号 027-88581678			开户银行及账号			工行中心路办事处 128333333388888																	

收款人：王娟　　　　　　　　　　　　开票单位（未盖章无效）　东湖机械厂

第一联：销售方记帐凭记

【凭 80-2】

中国工商银行进账单（收账通知） 3

2012 年 12 月 25 日　　　　　　　　　　　　第 010 号

付款人	全　称	机床附件厂	收款人	全　称	东湖机械厂
	账　号	281150		账　号	128333333388888
	开户银行	工行工安办事处		开户银行	工行中心路办事处

人民币（大写）	壹万贰仟零肆元贰角零分	千	百	十	万	千	百	十	元	角	分
				¥	1	2	0	0	4	2	0

票据种类	
票据张数	

单位主管　　会计　　复核　　记账　　　　　　收款人开户银行盖章

【凭 80-3】

领　料　单

领料部门：销售科　　开票日期 2012 年 12 月 25 日　　　　字第　号

材料编号	材料名称	规格	单位	请领数量	实发数量	计划价格	
						单价	金额
15405	圆钢		吨	3	3	3 000.00	9 000.00

用途	对外销售	领料部门		发料部门	
		负责人	领料人	核准人	发料人
			赵岩		陈青

②仓库记账后转财会科

【凭 81-1】

财产清查报告单

2012 年 12 月 25 日

类别	财产名称及规格	单位	单价	账面数量	实物数量	盘盈		盘亏		盈亏原因待查
						数量	金额	数量	金额	
18002	包装箱	个	295.00	10	8			2	590.00	
	合计			10	8			2	590.00	

— 177 —

【凭81-2】

财产清查报告单
2012 年 12 月 25 日

类别	财产名称及规格	单位	单价	账面数量	实物数量	盘盈 数量	盘盈 金额	盘亏 数量	盘亏 金额	盈亏原因待查
	六角车床	台	19 000.00	5	4			1	19 000.00	
	合计			5	4			1	19 000.00	

【凭82】

应计利息计算表
2012 年 12 月 27 日

借款种类	计算过程	预提利息
长期借款	$1\,000\,000 \times 8‰ \times \dfrac{3}{12} = 2\,000.00$	
合　计		2 000.00

【凭83-1】

湖北省增值税专用发票
抵　扣　联

开票日期 2012 年 12 月 27 日　　　　　　　　　　　　　　　No. 0833051

购货单位	名称	东湖机械厂	纳税人登记号	
	地址或电话	武汉市武汉大道128号	开户银行及账号	工行中心路办事处 128333333388888

商品或劳务名称	计量单位	数量	单价	金额 千百十万千百十元角分	税率(%)	税额 千百十万千百十元角分
动力				￥5 3 2 6 0 0 0	17	￥9 0 5 4 2 0
合计						
价税合计(大写)	⊗仟⊗佰⊗拾陆万贰仟叁佰壹拾肆元贰角零分					￥62 314.20

销货单位	名称	东湖供电局	纳税人登记号	No. 4621005715164
	地址或电话	开源路217号	开户银行及账号	工行开源办事处

收款人：王娟　　　　　　　　　　　　开票单位(未盖章无效) 东湖供电局

第二联：购货方扣税凭证

【凭83-2】

湖北省增值税专用发票

发 票 联

开票日期 2012 年 12 月 27 日　　　　　　　　　　　　　　　No. 0833051

购货单位	名　称	东湖机械厂			纳税人登记号			
	地址或电话	武汉市武汉大道128号			开户银行及账号		工行中心路办事处 128333333388888	
商品或劳务名称	计量单位	数量	单价	金　额 千百十万千百十元角分	税率(%)	税　额 千百十万千百十元角分
动力				¥5326000	17	¥905420
合计						
价税合计(大写)	⊗仟⊗佰⊗拾陆万贰仟叁佰壹拾肆元贰角零分					¥62 314.20
销货单位	名　称	东湖供电局			纳税人登记号		No. 4621005715164	
	地址或电话	开源路217号			开户银行及账号		工行开源办事处	

收款人：王娟　　　　　　　　　　开票单位(未盖章无效)　东湖供电局

第三联：购货方记账凭证

【凭83-3】

委托收款凭证(付款通知)

委托号码：
委托日期 2012 年 12 月 27 日　　　付款期限 2013 年 1 月 5 日

付款人	全　称	东湖机械厂	收款人	全　称	东湖供电局
	账　号	128333333388888		账　号	2600541
	开户银行	工行中心路办事处		开户银行	工行开源办事处
人民币(大写)	陆万贰仟叁佰壹拾肆元贰角零分			千百十万千百十元角分 ¥ 6 2 3 1 4 2 0	
款项内容		委托收款		附寄单	
		凭据名称		证张数	
备注：		付款人注意： 1.应于见票的当日通知开户银行划款。 2.如需拒付,应在规定期限内将拒付理由书并附债务证明退交开户银行			

此联是收款人开户银行交给收款人的收账通知

【凭84】

偿还贷款凭证（第一联）

2012 年 12 月 28 日

借款单位名称	东湖机械厂	贷款账号		结算账号	888999						
还款金额（大写）	拾万元整		千	百	十	万	千	百	十	元	角	分
			¥	1	0	0	0	0	0	0	0	0
贷款种类	短期借款	借入日期	2012 年 11 月 7 日	原约定还款日期	2012 年 12 月 6 日
上列款项请由本单位　账户内偿还到期贷款 　　　　　　　　　借款单位盖章	会计分录： 　收入 _____ 　付出 _____ 　　　复核员：　记账员：

【凭85-1】(a)

湖北省增值税专用发票
抵 扣 联

开票日期 2012 年 12 月 30 日　　　　　　　　　　　　　　　No. 7584

购货单位	名称	东湖机械厂	纳税人登记号																	
	地址、电话	武汉市武汉大道128号	开户银行及账号	工行中心路办事处 128333333388888
商品或劳务名称	计量单位	数量	单价	金　　额									税率(%)	税　　额							
				千	百	十	万	千	百	十	元	角	分		千	百	十	万	千	百	十	元	角	分
水	m³	7 000	0.7				4	9	0	0	0	0		6					2	9	4	0	0
合计																								
价税合计(大写)	⊗仟⊗佰⊗拾⊗万伍仟壹佰玖拾肆元零角零分　　　¥ 5 194.00
销货单位	名称	市自来水公司	纳税人登记号	375218934566
	地址、电话	平阳路75号	开户银行及账号	平阳支行 658743

收款人：王明　　　　　　　　　　　开票单位（未盖章无效）市自来水公司

第二联：抵扣联　购货方扣税凭证

【凭 85-1】(b)

湖北省增值税专用发票

发 票 联

开票日期 2012 年 12 月 30 日　　　　　　　　　　　　　　　　　　　　　　No. 7584

购货单位	名　称	东湖机械厂		纳税人登记号			
	地址、电话	武汉市武汉大道 128 号		开户银行及账号		工行中心路办事处 128333333388888	

商品或劳务名称	计量单位	数量	单价	金　额 千百十万千百十元角分	税率(%)	税　额 千百十万千百十元角分
水	m³	7 000	0.7	4 9 0 0 0 0	6	2 9 4 0 0
合计						

价税合计(大写)	⊗仟⊗佰⊗拾⊗万伍仟壹佰玖拾肆元零角零分	￥5 194.00

销货单位	名　称	市自来水公司	纳税人登记号	375218934566
	地址或电话	平阳路 75 号	开户银行及账号	平阳支行 658743

收款人：王明　　　　　　　　　　　　　　开票单位(未盖章无效) 市自来水公司

第三联：发票联　购货方记账凭证

【凭 85-2】

用 水 量 记 录

2012 年 12 月 28 日

使用部门	金额(0.7 元/m³)	用水量(m³)
基本生产车间		5 000
机修车间		1 000
供气车间		500
销售机构		250
厂部管理机构		250
合　计	4 900	7 000

【凭 85-3】

中国工商银行　　　（鄂）　No.3790117
转账支票存根

科　　目＿＿＿＿＿＿＿＿＿＿
双方科目＿＿＿＿＿＿＿＿＿＿
出票日期 2012 年 12 月 28 日

收款人：市自来水公司
金额：5 194.00
用途：水费

单位主管　　　　　会计

【凭 86】

财产清查结果处理

经查实确认盘亏包装箱属于保管不善丢失，盘亏设备已转入报废清理，属漏记账，现批准予以转账。

财务科长：叶凡　　会计：宋江

2012 年 12 月 21 日

【凭 87-1】

利润分配通知

根据我厂与中原股份的联营合同规定，分得现金股利 4 000.00 元。

财务科长：叶凡

2012 年 12 月 29 日

【凭 87-2】

中国工商银行进账单（收账通知）　3

2012 年 12 月 31 日　　　　第 019 号

付款人	全称	中原股份	收款人	全称	东湖机械厂
	账号	2811501		账号	128333333388888
	开户银行	工行中原办事处		开户银行	工行中心路办事处

人民币（大写）	肆仟元整	千	百	十	万	千	百	十	元	角	分
					¥	4	0	0	0	0	0

票据种类
票据张数

单位主管　　　会计　　　复核　　　记账　　　　　收款人开户银行盖章

【凭88】

坏 账 准 备 提 取 表

2012 年 12 月 31 日　　　　　　　　　　　　　　　提取率:5%

项目	应收账款	坏账准备
月初结存金额		
月末结存金额及提取数		
本月应提坏账准备金额		

【凭89】(自制)

固定资产计提折旧表

购入时间	品名	账面数量	单价	账面金额	预计残值率	月折旧额
	合　计					

【凭90-1】

工 资 结 算 汇 总 表

2012 年 12 月　　　　　　　　　　　　　　　　　　　　单位:元

车间、部门、类型		职工人数	标准工资	应扣工资		各项工资性津贴		应付工资	代扣款项					实发金额
				缺勤事假	病假	小计	其中:副食品补贴		住房公积金	家属医药费	伙食费	个人所得税	合计	
基本生产车间	生产工人	280	33 321	121	135.44	2 775.44	1 410	35 840.00	316.50	95	55	564	1 030.5	34 809.50
	管理人员	11	1 621	31	145.11	55	55	1 499.56	35.94	28	18	22	103.94	1 395.62
	小计	291	34 942	152	280.88	2 830.44	1 465	37 339.56	352.44	123	73	586	1 134.44	36 205.12
在建工程人员		20	4 560	75	20.00	305	100	4 770.00	36.00		15	50	101.00	4 669.00
机修车间		6	886	34	7.00	57	30	902.00	4.00	25	4.5	12	45.50	856.50
供气车间		5	740	27	8.00	57	25	762.00	3.50	14	8	10	35.50	726.50
销售机构		6	1 336	12	8	20	20	1 547.00	3.5			8	11.5	1 535.5
厂部管理机构		34	3 243	75	35.00	170	170	3 303.00	20.50	35	11.5	68	135.00	3 168.00
合计		342	45 698	375	358.88	3 659.44	1 820	48 623.56	419.94	197	112	734	1 462.94	47 160.62
六个月以上长病人员		3	243	—	—	15	16	258.00		47			47.00	211.00
总　　计		367	45 941	375	358.88	3 674.44	1 836	48 881.56	419.94	244	112	734	1 509.94	47 371.62

【凭90-2】

工资支付专用凭证(第三联:单位留底)

签发日期 2012 年 12 月 31 日　　　　　　　　编号:176528

收款单位(或收款人)名称:东湖机械厂	开户银行:工行中心路办事处

支付金额	人民币(大写)　肆万柒仟叁佰柒拾壹元陆角贰分	十万千百十元角分 ¥ 4 7 3 7 1 6 2

工资所属月份12月份,本次职工人数367人 8. 标准工资(基本工资)45 941元 9. 附加工资____元 10. 粮食补助____元 11. 副食品价格补贴1 836 元 12. 奖金____元 13. 国家规定的津贴____元 14. 本次领取的计划内临时工____人____元	备 注

【凭90-3】

车间产品耗用工时报告表
2012 年 12 月

车间	产品	生产耗用工时	备注
基本生产车间	甲产品 乙产品	14 740 13 240	

【凭90-4】

工资费用分配汇总表
2012 年 12 月

产品、生产和部门	生产耗用工时	分配率	应分配金额
甲产品			
乙产品			
基本生产车间			
在建工程人员			
机修车间			
供气车间			
销售机构			
厂部管理机构			
六个月以上长期病假人员			
合计			

【凭 90-5】

福利费、工会经费、职工教育经费分配汇总表

2012 年 12 月

产品、生产和部门	计提前工资总额	提取率			应计列经费金额		
		14%	2%	1.5%	福利费	工会经费	职工教育经费
甲产品							
乙产品							
基本生产车间							
在建工程人员							
机修车间							
供气车间							
销售机构							
厂部管理机构							
六个月以上长期病假人员							
合计							

注：根据"工资结算汇总表"和"产品耗用工时汇总表"编制"工资费用分配汇总表"，然后编制记账凭证。

【凭 91】

原材料领用汇总表

原材料名称	单位	计划价格	产品或部门（用途）												合计数量
			甲产品		乙产品		生产车间		机修车间		供汽车间		销售机构		厂部管理机构	
			数量	金额	数量	金额	数量	金额	数量	金额	数量	金额	数量	金额	数量	金额
合计																

【凭92】

辅助生产费用分配表（直接分配法）
2012年12月31日

受益产品、部门	机修车间			供气车间		
	劳动数量（工时）	单位成本	应分配金额	劳动数量（工时）	单位成本	应分配金额
产品						
产品						
基本生产车间小计						
机修车间						
供气车间						
厂部管理机构						
销售机构						
合计						

【凭93-1】

生产成本计算表

完工产品：30件

产品名称：甲产品　　2012年12月　　在产品：10件完工程度50%

摘要	成本项目			
	直接材料	直接人工	制造费用	合计
月初在产品成本				

【凭 93-2】

生产成本计算表

完工产品:75 件

产品名称:乙产品　　2012 年 12 月　　在产品:30 件完工程度 50%

摘要	成本项目			
	直接材料	直接人工	制造费用	合计
月初在产品成本				

【凭 94】

营业税、资源税、城建税及其他附加纳税申报表

经济性质:国有税征表 3-2

预算级次/所属时期:2012 年 12 月　　金额:列至角分

纳税人名称	东湖机械厂	税务微机编号		开户银行	工行中心路办事处	账号	128333333388888
经营项目	计税销售收入(益)额			应纳税额	已纳(抵扣)税额	本期实际应补(退)税额	
城乡维护建设税							
教育费附加							
平抑基金	按销售收入(益)额						
合计							
按规定不纳税流转的销售收入(益)额							
缴款书字号	开票日期:　年　月　日			入库日期:　年　月　日		开票人:	

申报业户(人)　　(章)财务负责人(签章)申报日期:　　　年　　月

【凭 95-1】

内 部 转 账 单

转账日期 2012 年 12 月 31 日　　　　　　　　　　　　　　　　　　　　　　　　No. 04171

摘要	转账项目	金额
结转到本年利润账户	主营业务收入	
结转到本年利润账户	营业外收入	
结转到本年利润账户	其他业务收入	
结转到本年利润账户	投资收益	
合　计		

注：根据账簿资料，将金额填入表内，然后转账。（有关人员签章）

【凭 95-2】

内 部 转 账 单

转账日期 2012 年 12 月 31 日　　　　　　　　　　　　　　　　　　　　　　　　No. 04172

摘要	转账项目	金额
结转到本年利润账户	主营业务成本	
结转到本年利润账户	其他业务支出	
结转到本年利润账户	销售费用	
结转到本年利润账户	营业税金及附加	
结转到本年利润账户	管理费用	
结转到本年利润账户	财务费用	
结转到本年利润账户	营业外支出	
合　计		

注：根据账簿资料，将金额填入表内，然后转账。（有关人员签章）

【凭96-1】

企业所得税纳税申报表

税务登记号　　申报期 2012 年 12 月 1 日至 12 月 31 日　　　　　　　　金额单位：元

申报单位	东湖机械厂	行业类别	工业	隶属关系	
地址		经济性质		预算级次	税征表 3-7

项　目	行次	本期数	累计数	补充资料
一、销售（营业）收入	1			
减：销售折扣与折让	2			
销售（营业）成本	3			
销售（营业）费用	4			
销售（营业）税金及附加	5			
二、销售（营业）利润	6			
加：代购代销收入	7			
其他业务利润	8			
其中：技术转让收益	9			
减：管理费用	10			
财务费用	11			
汇总损失	12			
三、营业利润	13			
加：投资收益	14			
其中：联营企业分回利润	15			
境外投资收益	16			
股息收益	17			
国家补贴收入	18			
营业外收入	19			

【凭 96-2】

内 部 转 账 单

转账日期 2012 年 12 月 31 日

摘　　　　要	金　　　额
本年应交所得税	
金额大写：	

注：将所得税结转"本年利润"。

【凭 97】

税 后 利 润 分 配 计 算 表

2012 年 12 月 31 日

分配项目	分配依据金额	分配率	应分配金额
法定盈余公积金		10%	
公积金		5%	
应付利润　　　30 000		国家投资 57.14%	
		东湖钢铁厂 22.86%	
		新华机械厂 20%	
合计			

注：按规定计算分配金额并填列入表内，然后转账。

7　会计综合模拟实习总结

班级：　　　　学号：　　　　姓名：

个人小结
签名： 年　月　日
小组评定
组长签名： 年　月　日
教师评定
教师签名： 年　月　日

主要参考文献

财政部. 企业会计准则[S]. 2006.
财政部会计司. 企业会计准则应用指南[S]. 2006.
吴伟. 企业会计综合实训教程[M]. 北京:中国科学出版社,2006.
隋静、孟爱仙. 会计实务模拟教程[M]. 北京:清华大学出版社、北京交通大学出版社,2010.